Schnuppe von Gwinner
Die Geschichte des Patchworkquilts

Schnuppe von Gwinner

Die Geschichte des Patchworkquilts

Ursprünge, Traditionen und Symbolik
einer textilen Kunst

Keysersche Verlagsbuchhandlung

CIP-Kurztitelaufnahme der Deutschen Bibliothek

Gwinner, Schnuppe von: Die Geschichte des Patchworkquilts: Ursprünge, Traditionen u. Symbolik e. textilen Kunst
Schnuppe von Gwinner. — München: Keyser, 1987.

ISBN 3-87405-176-5

Layout und Herstellung: Friderun Thiel, Ismaning
Umschlaggestaltung: Hansjörg und Evi Langenfass, Ismaning, unter
Verwendung einer Aufnahme von Wadsworth Atheneum, Hartford/USA

Offsetreproduktionen: FBS Fotolithos, Martinsried
Satz: W. Hellmich, Moosburg
Druck: Aumüller Druck KG, Regensburg
Bindearbeiten: Conzella Verlagsbuchbinderei Urban Meister
Printed in Germany

Inhalt

Vorwort

In zunehmendem Maß erfreut sich der Patchworkquilt auch in Europa großer Popularität. Er ist Medium kreativen Schaffens wie auch textile Antiquität, völkerkundliches Sammelstück wie Produkt modernen Designs. Die Fülle der in den letzten Jahren veranstalteten Ausstellungen in den Museen deutscher und europäischer Großstädte ist ein deutliches Zeichen. So wurde eine Auswahl alter nordamerikanischer Quilts des American Folk Art Museums New York 1982 und 1983 in München und Hamburg gezeigt, die bedeutende Sammlung antiker Quilts von Verena Klüser 1983 in Krefeld und 1985 in Karlsruhe. Völkerkundliches Patchwork konnte man zum Beispiel im Rahmen der Ausstellung von Kunst osmanischer Zeit 1985 in Frankfurt und Essen sowie innerhalb der Afghanistan-Ausstellung im Münchner Völkerkundemuseum Anfang 1986 sehen. Eine Schau modernen amerikanischen Patchworkdesigns gab es 1985 in Mulhouse, während die Quilt-biennale im Textilmuseum Heidelberg regelmäßig seit 1984 die Werke deutschsprachiger Textilkünstler vorstellt.

Es gibt also Anlaß genug, sich mit den Ursprüngen, Traditionen und der Symbolik des Patchworkquilts zu befassen, zumal die bisher in deutscher Sprache erschienene Literatur sich vornehmlich der reinen Technik widmete und der Historie wenig Raum ließ.

Der Anspruch des vorliegenden Buches liegt in erster Linie darin, dem Leser einen fundierten Überblick über den facettenreichen Hintergrund dieser Textilkunst zu ermöglichen. Der im Anhang genannten Literatur kommt in diesem Zusammenhang eine wichtige Bedeutung zu, denn im Grunde wäre das Thema eines jeden Kapitels ergiebig genug, um als Thema eines eigenen Buches behandelt zu werden. Auf ein Glossar wurde hingegen bewußt verzichtet, da die technisch und inhaltlich für Patchwork und Quilt relevanten Begriffe im Zusammenhang des Textes erläutert werden mußten. Eine allgemeine textilkundliche Erklärung einzelner Fachausdrücke, sofern sie nicht doch in den Anmerkungen vorgenommen wurde, hätte zu weit geführt.

Die wissenschaftliche Aufarbeitung der europäischen und völkerkundlichen Patchworktextilien hat bisher noch nicht in einem ausreichenden Maß stattgefunden. Es wäre wünschenswert, wenn sich auf Anregung meiner Ausführungen und der Grundlage der genannten Literatur auf diesem Gebiet noch einige Lücken schließen lassen würden. Auch in der englischsprachigen Fachliteratur hat man inzwischen diesen Mangel erkannt, wie einige jüngere Publikationen, vorwiegend über asiatische Traditionen, verdeutlichen.

Die Dominanz der nordamerikanischen Patchworkquilts und deren weiter kultureller Einfluß ist offensichtlich. Mit viel Sachkenntnis und Aufwand publizierte Bücher legen ein beeindruckendes Zeugnis davon ab.

Ein Schwerpunkt meiner Arbeit lag vor allem auch darin, soweit wie möglich Material zu berücksichtigen, das in Deutschland und in der Schweiz, zumindest aber in Europa greifbar ist. Dieses Bestreben sollte zeigen, wie nah uns das Thema schon gerückt ist, auch wenn unsere Gedanken bei dem Stichwort „Patchworkquilt" noch immer unwillkürlich über den Atlantik schweifen. Der Blick in die Magazine fast aller großen europäischen Museen läßt den Suchenden fündig werden. Doch insbesondere die Bereitschaft der privaten Sammler zusammenzuarbeiten, ihre Schätze auszubreiten und ihr Wissen zu teilen, war überwältigend. Ihnen sei an dieser Stelle von Herzen gedankt.

Hierzulande kann man als Liebhaber, Sammler und Fachmann noch Pionierarbeit auf dem Gebiet des Patchworkquilts leisten. Wenn meine ersten Schritte Fundament und Anregung bieten können, weitere, eigene Schritte zu wagen, dann hat meine Arbeit ihren Zweck erfüllt.

Schnuppe von Gwinner

Einführung

Den Begriff Patchworkquilt verbinden wir unwillkürlich mit nordamerikanischer Siedlerromantik und den farbenfrohen Bettdecken, die sich in den Kulissen alter Wildwestfilme entdecken lassen. Er steht als Synonym für die nordamerikanische Volkskunst, die aus materieller Not heraus viele neue Wege zu einer ihr typischen Dekorativität fand.

Als Patchworkquilts bezeichnet man aus Stoffteilen zusammengesetzte und dann gesteppte Näharbeiten. In diesem Buch wird der Begriff Patchwork, »Flicken-Arbeit«, als Definition verstanden, die das Aufeinandernähen (Applizieren) wie das Aneinandernähen beinhaltet.

Man begegnet Patchwork in fast allen Kulturen der Welt. Beduinenfrauen verbinden selbstgewebte Stoffe zu Zeltbahnen, im westafrikanischen Dahomey werden Schirme und Zeremonialtücher für festliche Gelegenheiten in Applikationstechnik genäht. Patchworkquilts gehören zur Hochzeitsausstattung einer indischen Braut und als Teil der Rüstung zur Bekleidung nordwestafrikanischer Krieger.

Über alle Zweckmäßigkeit hinaus dienen sie dem Schmuckbedürfnis eines Volkes und lassen seiner Erfindungsgabe freien Lauf. Die Motive, seien sie geometrisch oder aber auch figural, werden mit jener Kraft an Symbolik belegt, wie sie aller Kunst zu eigen ist. Nicht zufällig verwendete man gerade Patchworktextilien als Zeremonialtücher und Festbehänge. So schirmen sie real und symbolisch das Alltägliche vom Festlichen ab, trennen das Gewöhnliche vom Außergewöhnlichen, das im Fest erst seinen höheren Sinn erhält.

Wenngleich nahezu in jeder Kultur beheimatet, kommt doch den nordamerikanischen Siedlerfrauen des 19. Jahrhunderts der Ruhm zu, die vielfältigste Patchworktradition begründet zu haben. Nicht ein genialer Gedankenblitz konnte der Ursprung dieses heute noch so beliebten textilen Kunsthandwerks sein, vielmehr sind die Wurzeln dieser Tradition weit verzweigt. Sie liegen in den vielfältigsten Erscheinungen kultureller, sozialer und industrieller Art begründet und sollen in diesem Buch erstmals beschrieben werden.

Die Grundlage für meine Ausführungen bildet die Fülle englischsprachiger Fachliteratur, die in den letzten fünfzig Jahren publiziert wurde. Doch konnte hier nicht einfach die amerikanische Anschauung übertragen werden. Unsere europäische Betrachtungsweise ist eine andere als die amerikanische, sind wir als Europäer doch quasi Außenstehende. In Nordamerika sind Patchworkquilts familiärer Teil der Kulturgeschichte und werden bis heute hergestellt und benutzt. Dem Europäer müssen historische und kulturelle Hintergründe erst erläutert werden, damit er erkennen kann, wie auch seine eigenen kulturellen Traditionen in den Patchworkquilts fortleben.

Als ebenso ergiebige Quellen zur Erforschung des Patchworkquilts erwiesen sich alte Kataloge und Zeitschriften, Romane des 18. und 19. Jahrhunderts, historische Abhandlungen zur Geschichte textiler Techniken.

Alle theoretische Erkenntnis wird jedoch erst durch das Anschauen von Patchworkquilts jeden Alters und unterschiedlicher Provenienz brauchbar und lebendig. Die Erfahrungen, die bei der Betrachtung möglichst vieler Quilts zu gewinnen sind, können durch kein Buch ersetzt, sondern höchstens unterstützt werden. So sollen auch meine Ausführungen Anleitung sein, selbst zu »sehen«. Im Hinblick auf einen ganz bestimmten Quilt sind allgemeine Informationen, wie sie in diesem Buch gegeben werden, zwangsläufig unvollkommen. Aus der Summe der zusammengestellten Fakten aber, im Vergleich mit Abbildungen, wo Muster und auch technische Einzelheiten ablesbar sind, kann man die Informationen, die für dieses besondere Stück zutreffen, zu einem annähernd vollständigen Bild ergänzen.

Seit der Mitte der sechziger Jahre meint man, den ›Kunstwert‹ traditioneller Patchworkquilts erkannt zu haben, nachdem man diese zuvor aus Möbelwagen gezerrt hatte, wo sie als wattierte Verpackung gute Dienste leisteten. Man sah in ihren Mustern und Farbkombinationen die Motive moderner Kunst vorweggenommen, und diese Entdeckung faszinierte.

Seither spalten sich die Patchworkliebhaber in zwei Lager: Die einen interessieren sich nur für das Design und die künstlerische Aussage. Sie tun sich schwer damit, die anderen zu verstehen, die sich im traditionellen Sinn mit der Herstellung von Quilts beschäftigen. Diese, und das sind zumindest in Amerika viele, haben nie aufgehört zu quilten. Sie gehen aus alter Familientradition dieser Beschäftigung nach und sind in erster Linie an den alten Werten, die der Quilt verkörpert, interessiert, wie Jonathan Holstein in seinem Vorwort zu »The Artist's Quilts, La Jolla Museum of Contemporary Art«, herausgegeben von Judy Strauss, bemerkt.

Derselbe Verfasser hat in dem 1973 erschienenen Buch »The Pieced Quilt – an American Design Tradition« ein ganzes Kapitel dem Vergleich von Quilt-Mustern und moderner Kunst gewidmet. Die Parallelen, und damit der Vorgriff der Volkskunst sind überzeugend dargestellt, ohne daß Holstein den letzten Schritt, den Quilt zum Kunstwerk zu erheben, geht.

An anderer Stelle, zum Beispiel in den Romanen »Oliver Twist« und »David Copperfield« von Charles Dickens, steht Patchwork als Synonym für arm, zerlumpt und schmutzig. Für viele liegt heute noch die Assoziation von Armseligkeit auf der Hand, wenn sie den Begriff »Patchwork« hören.

In krasser Diskrepanz dazu steht der Anspruch moderner »Quiltmaker«, die seit den siebziger Jahren unseres Jahrhunderts vor allem in Amerika aus der traditionellen Textiltechnik neue Gestaltungsideen schöpfen. Berechtigterweise erheben ihre künstlerischen Interpretationen als modernes Quiltdesign ganz andere Forderungen als alles bisher Dagewesene.

Vielleicht kann dieses Buch dazu beitragen, dem Patchworkquilt zu einer Bewertung zu verhelfen, die, ihm gemäß, zwischen dem Anspruch hoher Kunst und der Geringschätzung als Flickwerk liegt.

Das Quilting

Ob das Patchwork oder das Quilting die ältere Technik ist, läßt sich nicht entscheiden. Den amerikanischen Sprachgewohnheiten folgend, sei hier zunächst das Quilting vorangestellt.

Die wirklichen Ursprünge der vermutlich im Orient entwickelten Stepp- und Quilttechniken liegen sicher schon Jahrtausende zurück. Als Verstärkung schadhaft gewordener Textilien kamen sie ebenso zur Anwendung wie zur Herstellung von wattierten Decken und Kleidungsstücken, zum Schutz gegen Kälte, Druck und Aufprall. Solche Gebrauchstextilien waren in besonderem Maß dem Verschleiß unterworfen, so daß sich die nur spärliche Erhaltung antiker Erzeugnisse (dieser Technik) leicht erklären läßt. Neben den rein praktischen Qualitäten hat das Quilting einen hohen Dekorationswert, auch wenn dieser sich erst sekundär aus der Einsicht ergab, daß diagonale, kreis-, spiral- oder wellenförmige Steppnähte den Stoffen größere Festigkeit verleihen als solche, die parallel zur Geweberichtung verlaufen.

Beim Quilting, dem Steppen, werden drei Stofflagen, deren mittlere meistens eine Wattierung aus Wolle, Baumwolle oder anderen Materialien ist, durch fortlaufende Steppstiche zusammengehalten. Eine Steigerung des entstehenden Reliefcharakters wird dadurch erreicht, daß einzelne umstochene Motivteile zusätzlich mit Wattierung oder Kordel ausgestopft werden. Diese Methode wird als italienische Stepperei oder Trapunto bezeichnet, weil sie seit dem 14. Jahrhundert in Sizilien nachweisbar ist.

Vor circa 800 Jahren wurde die Quilttechnik von den Kreuzfahrern aus dem Vorderen Orient nach Europa mitgebracht. Sie hatten dort in schweren, aus Eisen geschmiedeten Rüstungen den in leichte Quilt- und Kettenhemden gekleideten Sarazenen im Kampf gegenübergestanden und waren ihnen unterlegen. So erscheint es nur logisch, daß sich die Idee des gesteppten Rüstungshemdes auch in Europa durchsetzte. Es wurde aus gequiltetem, mit unterschiedlicher Wattierung gefüttertem Leinen angefertigt (Abb. 1, 2). Nach der Einführung von Schußwaffen kam ihr Gebrauch allerdings nicht mehr in Frage, doch die Stepptechnik setzte sich ganz allgemein für die Herstellung unterschiedlicher Gebrauchstextilien durch (Abb. 4).[1]

Vereinzelt sind Quilts aus den meisten europäischen Ländern erhalten, dünnere, zweilagige Decken aus Leinen oder Baumwolle in Italien und Frankreich, Samt

12

1 *Hans Memling: Ursulaschrein, Seitentafel: Das Martyrium der hl. Ursula, 1498, Museum des Johannesspitals Brügge. Der Soldat vorne links trägt ein gestepptes Rüstungshemd.*

2 *Jörg Kölderer: Seefelder Mirakeltafel, 1500, katholische Pfarrkirche Seefeld.*
Dargestellt ist das Wunder von Seefeld aus dem Jahr 1384: Der Ritter Oswald Milser, mit einem gestreiften Stepp-mantel bekleidet, verlangt und erhält die große Priesterhostie zur Kommunion. Daraufhin, so berichtet die Legende, versank er in den Boden und die Hostie, die noch bis zum Ersten Weltkrieg erhalten war, verfärbte sich blutrot.

3 Sizilianischer Wand-
behang, mit Darstellung
der Tristanlegende,
um 1395, Quilting- und
Trapuntotechnik,
310x270.
Victoria & Albert
Museum, London

und Brokatdecken in den Niederlanden und Deutschland. Man muß wohl davon ausgehen, daß mehr oder weniger kunstvoll gesteppte Decken aus allen möglichen Materialien, zumindest in wohlhabenderen Haushalten, zum üblichen Inventar gehörten. Die Quilttechnik wurde auch mit besonderer Vorliebe zur Herstellung von Jacken und Kappen angewandt. Mit die ältesten bekannten und erhaltenen Arbeiten sind drei sizilianische Quilts aus dem späten 14. Jahrhundert (Abb. 3). Sie zeigen in mehreren gequilteten Szenenfeldern die Tristanlegende auf zweilagigem,

14

schwerem Leinengrund.[2] Angesichts der Perfektion dieser Arbeit erhärtet sich die Annahme, daß die Stepperei wirklich eine verbreitete Technik gewesen sein muß. Da es sich aber immer um Textilien handelte, die in täglichem Gebrauch zerschlissen wurden, sind nur wenige Beispiele bis heute vorhanden.

Durch die Entdeckung Amerikas und Indiens und den in der Folge erblühenden Handel brachte man es in Europa zu großem Reichtum, der sich besonders in dem prunkvollen Leben an den Königshöfen zeigte. Die Damen des Hofes waren beispielsweise derart mit Juwelen behängt, daß die einfachen Seidenstoffe unter deren Gewicht zerrissen wären, hätte man sie nicht, oft mit Goldfäden, gequiltet.[3]

Bis ins 18. Jahrhundert war der allgemeine Wohlstand so weit angewachsen, daß sich vergleichsweise große Kreise der Bevölkerung eine reichere Ausstattung ihrer Wohnung und Kleidung erlauben konnten. Der weltweite Handel brachte neue Stoffe und Garne nach Europa und beflügelte damit auch die Ideen für neue Gestaltungsmöglichkeiten. Das Quilting, besonders in seiner gesteigerten Form des Trapuntos und ergänzt mit kostbaren Stickereien, fand immer mehr Liebhaber. Diese konzentrierten sich im wesentlichen auf die Herstellung schönster Decken aus Leinen, Baumwolle und Seide (Abb. 6).[4]

Doch auch die Kleidermode nahm sich in immer größerem Umfang der Möglichkeiten an, die die Stepptechniken für ihre Belange boten (Abb. 5, 7). Bis heute sind viele Beispiele erhalten, unter denen sich alle möglichen Arten gequilteter Kappen, Jacken, Unterröcke und Kinderkleidung befinden. Gesteppte Petticoats aus Seidentaft oder Satin waren große Mode, deren Höhepunkt in das letzte Viertel des 18. Jahrhunderts fiel.[5] Bis in unser Jahrhundert waren gesteppte Unterwäsche, Unterröcke sowie gequiltete Arbeitskleidung keine Seltenheit.[6]

Als tatsächlich weitverbreitete Volkskunst mit Tradition begegnen uns reine Quilts mit Kordeleinlagen und ausgestopften, floralen Motiven im Südfrankreich des 17. Jahrhunderts. Auf einem technisch sehr hohen Niveau wurden Bettquilts sowie als »Cotilloc« bezeichnete Unter- und Oberröcke aus vorwiegend weißer Seide oder Leinen gesteppt. Relativ früh wurden auch aus Indien importierte Baumwollstoffe sowie indische und später französische Druckstoffe (Indiennes) verarbeitet. An hohen kirchlichen Feiertagen und besonders an Fronleichnam wurden die weißen Bettquilts aus den Fenstern gehängt, um die Prozession zur Kirche zu ehren.

Seit dem 17. Jahrhundert wurden die südfranzösischen Quilts über Marseille nach England exportiert, wo es zu dieser Zeit keine derartig ausgeprägte Quilttradition gab. Sie wurden allgemein als Marseille-Quilts bezeichnet, gleichgültig, ob es sich dabei um Decken handelte oder um handgequiltete, seidene Meterware, aus der Unterröcke, Abfütterungen, Jacken und Westen hergestellt wurden.

Der englische Außenhandel stützte sich vorrangig auf die qualitativ hochwerti-

gen Produkte seiner Webereien. 1763 wurde sogar ein Verfahren patentiert, das es möglich machte auf dem Webstuhl zu weben und zu quilten. Als Mustervorlagen dienten indische, französische und vor allem Marseille-Quilts. Das Prinzip bestand darin, ein Doppelgewebe auf einem Zugwebstuhl herzustellen, das, eine Einlage aus kardierter Schurwolle mitfassend, sich dem Muster entsprechend verbindet, indem immer ein einzelner Faden der Rückseite als »Stich« an die Oberseite tritt. Als Ergebnis erhielt man einen weichen, dreidimensional wirkenden, gemusterten

7 Gequiltete Herrenmütze aus Norddeutschland, 19. Jh.
Museum für Kunst und Gewerbe, Hamburg

Stoff mit einer feineren Oberseite und einer etwas groberen Rückseite. Innerhalb von zwanzig Jahren nahmen diese gewebten Marseille-Quilts einen bedeutenden Platz innerhalb der englischen Textilproduktion ein und wurden sehr viel nach Amerika verkauft.[7]

Bis um das Jahr 1750 hatte man in England die überwiegend weißen Quilts mit bunten Seidenstickereien verziert (Abb. 6). Nach der Jahrhundertmitte setzte sich zunehmend das ökonomischere Patchwork zur farbigen Gestaltung der Quilts durch. Der Verlauf der Geschichte zeigt jedoch, daß es offenbar nicht möglich war, der Quilttechnik für sich selbst wirklich neue Impulse zu geben. Bis heute werden natürlich reine einfarbige Quilts, sogenannte »Wholecloth-Quilts« genäht, und sie gelten sogar als Paradestück jeder Quilterin. Doch erst mit der Ergänzung durch das Patchwork entwickelte sich die hervorragende Stellung des Quilts, vor allem in der nordamerikanischen Volkskunst.

Normalerweise wurden Quilts mit kardierter Wolle oder Baumwolle gefüttert. Doch oft mußte man sich mit sehr viel einfacheren Materialien begnügen. Federn, Blätter und Stroh waren auch geeignet, mußten aber öfters ausgewechselt werden. Recht häufig begegnet man alter Wollkleidung, deren Nähte aufgetrennt und ausgebügelt wurden, sogar alte Wollsocken wurden in sehr armen Haushalten noch als Quiltwattierung verwendet. Stücke dünner Wolldecken und Wollgewebe sowie dünner Flanell ergaben auch ein wärmendes Polster. In England wurden die Decken sozialer Einrichtungen, wie Armenhäuser und Waisenhäuser, mit Papier gefüttert, das in Kattunbeutel eingenäht war – eine Erklärung, warum der Patchworkquilt bei Oliver Twist raschelt![8]

18

Das Patchwork

Patchwork meint eigentlich nichts anderes als das Aneinander- und Aufeinandernähen kleiner Stoffstücke. In der Übersetzung des englischen Wortes könnte man
diese Technik auch als Flickwerk oder Lappenarbeit bezeichnen, wie es für frühe
Arbeiten des deutschsprachigen Raumes üblich ist. Zum Ende des 19. Jahrhunderts
bürgerte sich auch der Begriff »Mosaikarbeit« ein, nicht zuletzt um den Unterschied zur Applikationstechnik deutlich zu machen. Im Englischen umfaßt die
Definition »Patchwork« die Technik des »Pieced Work«, also der zusammengesetzten Arbeit sowie der Applikation. Für meine Ausführungen möchte ich, des
besseren Verständnisses wegen, das Wort »Patchwork« für »Pieced Work« oder
auch Mosaikarbeit beibehalten und die Applikationen auch als solche bezeichnen.
Dies ist ein Zugeständnis an die deutsche Sprache und kein Mißverständnis der
sonst üblichen Definitionen.

Rinden- und Baststoffe, Filze, Gewebe aus Wolle, Seide und pflanzliche Fasern,
Leder und Fell wurden zu Patchwork verarbeitet. Die Auswahl richtete sich nach
dem, was den Herstellern zur Verfügung stand. Meistens wurde es aus bereits
abgenutzten Textilien und Resten für den stark beanspruchenden Gebrauch im täglichen Leben genäht. Als Decke, Behang, Kleidungsteil und in vielen anderen
Funktionen erfüllte es noch einmal seinen Zweck, bis es endgültig verbraucht war.

Glücklicherweise haben einige Zeugnisse von historischer Bedeutung Zeitalter
und Kulturen überlebt und können somit als Wegweiser durch die notgedrungen
sehr unvollkommen erschlossene Geschichte des Patchworks dienen. Anhand dieser Einzelstücke lassen sich natürlich keine großen Zusammenhänge knüpfen. Man
muß sie als Solitäre einer ursprünglich sehr komplexen und umfassenden Tradition
von Pachtworktextilien sehen. Erst wiederholt auftretende und erhaltene Patchworks mit technischen und inhaltlichen Gemeinsamkeiten innerhalb einer Region
lassen weiterreichende Rückschlüsse zu. Sie helfen uns, das Flickwerk der Patchworkgeschichte nach und nach in seinen Lücken zu schließen.

Als das älteste erhaltene Beispiel antiken Patchworks wird allgemein eine ägyptische Baldachindecke aus dem Jahre 980 v. Chr. angesehen. Sie diente einer ägyptischen Königin zu festlichen Anlässen und ist aus Rechtecken gefärbten Gazellenle-
ders genäht und mit Symbolen verziert. Teilweise stark beschädigt, wird diese
Decke heute im ägyptischen Museum Kairo aufbewahrt (Abb. 8).[9]

8 Ägyptische Baldachindecke aus Gazellenleder, um 980 v. Chr.
Egyptian Museum, Kairo

◁

9 Chinesische Bildrolle aus dem 14. Jh., unbekannter Künstler, 76,5x36.
Dargestellt ist die taoistische Legendenfigur Lan Ts'ai-ho. Er soll oft
bettelnd und singend auf den Marktplätzen erschienen sein. Für die
spätere Theaterfigur übernahm man zu seiner Charakterisierung die
überlieferte Kleidung, den Flickenmantel.
Museum für Ostasiatische Kunst, Köln

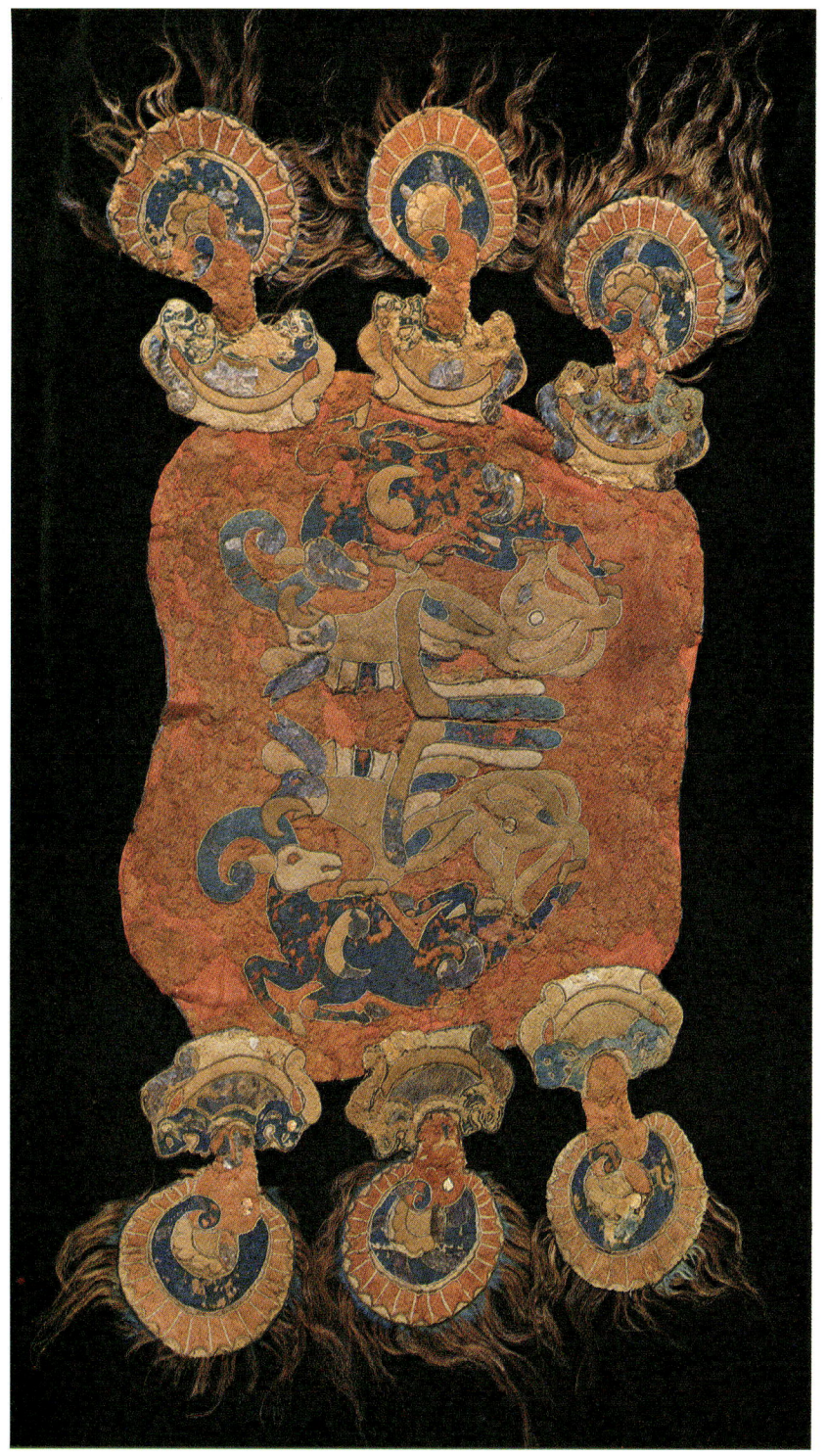

10 Satteldecke mit
   Filzapplikationen
   aus dem Altaigebirge,
   Kurgan 1 von Pazyryk,
   5. Jh. v. Chr., 119x60.
   Staatliche Ermitage,
   Leningrad

Rund dreihundert Jahre jünger sind die mit Applikationen geschmückten Textilien aus den Grabungen von Pazyryk in Zentralasien. Die aus der Kultur der Altai-Nomaden des 6. bis 4. Jahrhunderts v. Chr. stammenden Hügelgräber mehrerer Stammesfürsten bewahrten unter den extremen klimatischen Bedingungen eines Dauerfrostzustandes selbst leicht vergängliche Materialien wie Leder, Pelz, Filz und Textilien in einzigartiger Vollständigkeit. Das Beispiel einer Satteldecke mit applizierten Tierkampfgruppen veranschaulicht die Farbigkeit und den Sinn der Altai-Völker für ornamentale Ausschmückung. Die Darstellungen aus Filz zeigen in erster Linie Tiere, die nach den Vorstellungen der Nomaden mit übernatürlichen, den Menschen schützenden Eigenschaften ausgestattet waren (Abb. 10).[10]

In der Höhle der »Tausend Buddhas«, an der Seidenstraße in der indischen Region Serindia gelegen, entdeckte eine Expedition des Sir Aurel Stein zu Beginn unseres Jahrhunderts eine umfangreiche Sammlung kostbarer Textilien aus dem 6. bis 9. Jahrhundert. Darunter befanden sich auch in Patchworktechnik genähte Altarbehänge aus gemusterten, rechteckigen Stoffteilen (Abb. 11). Die einzelnen Stoffe waren vermutlich Votivgaben Reisender, die sich die Fetzen spontan aus ihrer Kleidung herausrissen. Auch Patchworkbanner und eine kleine, aus Quadraten und Dreiecken genähte Seidentasche, die zur Aufbewahrung von Reliquien

11 Seidenbehang aus Votivfragmenten, 6.-9. Jh., Höhle der „Tausend Buddhas", Region Berinda, Indien. Calico Museum of Ahmedabad, Indien

gedient haben mag, wurden gefunden. In dem Bericht des Sir Aurel Stein wird darauf hingewiesen, daß diese Patchworkarbeiten von den Priestern des Heiligtums angefertigt worden sein könnten.[11] Flicken spielen bis heute vor allem im Buddhismus eine große Rolle. In vielen Tempelanlagen trifft man auf Flicken-Girlanden aus geopferten Stoffen, die die bösen Geister vertreiben sollen. Die Mönche erhalten hin und wieder Stoffreste als Almosen, um sich daraus ihre Kleider zu nähen.[12] Aus China ist eine alte Redewendung überliefert, nach der das Wort »po-na i« sinngemäß ein aus Flicken bestehendes Mönchsgewand bezeichnet. In der wörtlichen Übersetzung beschreibt es »etwas, aus hunderten Geflicktes« (Abb. 9).[13]

Asien gilt allgemein als die Wiege von Patchwork und Applikation. Doch auch in Afrika und anderen Teilen der Welt trifft man noch heute oft auf Textilien, die in diesen Techniken gearbeitet sind. Ihre Verwendung umfaßt alle Bereiche, wie Zelte und Fahnen, Behänge, Decken, Einschlagtücher, Kissen, Taschen und Kleidung aus den unterschiedlichsten Regionen beweisen. Unter welchen Bedingungen und Einflüssen die vielfältigen Patchworktraditionen sich entwickelten, ist bis heute nicht hinreichend geklärt. Als Verwertung von Flicken und Resten getragener Kleidung, ökonomischer wie auch strapazierfähiger Ersatz von aufwendigen und kostbaren Stickereien spielten sie eine ganz pragmatische Rolle in vielen Kulturen. Doch abgesehen von dem Aspekt der Nützlichkeit und Dekorativität sind sie häufig mit symbolischen und magischen Inhalten befrachtet; als religiöses Zeichen im Buddhismus oder Islam und in Verbindung mit schamanischem Zauber. Auch diese Zusammenhänge bedürfen noch einer umfassenden Klärung, die nicht nur hypothetischen Charakter hat.

Patchwork und Applikationen an Zelten

Bei der Herstellung von Nomadenzelten sind in erster Linie die beschränkten technischen Möglichkeiten Ursache für die Anwendung von Patchworktechnik gewesen. Die Beduinenfrauen weben auf primitiven, zusammenklappbaren Webstühlen schmale Stoffbahnen aus gesponnenem Ziegenhaar, Schaf- und Kamelhaarwolle. Diese werden in Gemeinschaftsarbeit einer Frauengruppe zu großen Rechtecken zusammengenäht, die später die einzelnen Zeltbahnen bilden. An der Länge und Anzahl der verarbeiteten Stoffteile läßt sich der Status und Reichtum des Zeltbesitzers ablesen.[14] Da ein Zelt ebenso lange wie seine »Zeltfamilie« existiert, muß es im Laufe der Zeit ausgebessert und geflickt werden, so daß das Leben ein zusätzliches Patchworkmuster hinzufügt. Nach diesem Prinzip werden viele Zelte hergestellt, auch wenn die Vorgehensweise von den unterschiedlichen Volksgruppen variiert wird. So spielt die Komposition von Farben und Formen für saudiarabische Beduinenzelte eine wichtige Rolle.[15] Auch die Lederzelte der Tuareg, deren Frauen darüber hinaus wunderschöne und farbenfrohe Gebrauchsgegenstände aus Lederpatchwork und Applikation herstellen, gehören in die Gruppe der Nomadenzelte, deren Patchwork aus technischer Notwendigkeit entstand. Sie nähen die Häute von Schafen und Ziegen mit einer Ahle und Lederbändern zu großen Planen zusammen.[16]

Applikationen werden dagegen meistens als Schmuck angebracht. Als ein Beispiel könnte man in diesem Zusammenhang die kreisrunden Filzyurten der kirgisischen Nomaden nennen. Einfache geometrische Muster auf Behängen schmücken vor allem die Türen und den Überhang von Dach zu Wand, was durchaus symbolische Schutzbedeutung für diese »empfindlichen« Stellen der Behausung hat.[17]

Rein dekorativen Charakter haben die Applikationen türkischer Zelte osmanischer Zeit. In der Literatur werden diese Zelte als direkte Übersetzung der gebauten osmanischen Architektur interpretiert, die einen Ablauf des sozialen und religiösen Lebens nach den gleichen Regeln wie in den Wohnhäusern ermöglichten. Ob diese Reihenfolge nicht zu Gunsten der Annahme »erst das Zelt und dann das Haus« korrigiert werden sollte, kann hier nicht das Thema sein – scheint mir aber dennoch eine wichtige Überlegung zu sein. Die Motive der Applikationen findet man parallel auf den glasierten Kacheln und Inkrustationen, die ein wichtiges Element osmanischer Innenarchitektur sind. Normalerweise wurden die kostbaren türkischen Zelte nicht nur während der Feldzüge, sondern auch zu festlichen

Anlässen in Friedenszeiten außerhalb des Palastes aufgeschlagen. Die angeblich frühesten Zeugnisse über eine Gilde von Zeltmachern stammen aus der Zeit Mehmeds II. (1444 bis 1481). Später, mit dem wachsenden Bedarf, der durch die Feldzüge hervorgerufen wurde, wird ihre Anzahl sicher gestiegen sein. Sie mußten die Zelte nähen und besticken, für ihren Transport, die Inneneinrichtung und Reparatur sorgen.[18] Im Hinblick auf die Reparaturen hat sich die Anwendung der Applikationstechnik besonders empfohlen. Sie war schneller auszuführen als Stickerei und strapazierfähiger als diese. Ein Loch oder Riß konnte durch das Aufnähen eines Motivteiles verdeckt werden, ohne daß die Ausbesserung merklich ins Auge fiel.

Während der Türkenkriege im 17. Jahrhundert kamen viele türkische Zelte in den Besitz europäischer Fürsten. Sie wurden jedoch meistens während späterer Feldzüge verschlissen oder gingen verloren. Erhalten blieb beispielsweise die Türkenbeute des Türkenlouis, des Markgrafen Ludwig Wilhelm von Baden, deren größter Anteil aus der Schlacht von Salankamen am 19. August 1691 stammt (Abb. 13). Diesem im Badischen Landesmuseum Karlsruhe aufbewahrten Schatz gehört auch das Fragment eines Prunkzeltes an. Blumenmotive aus buntem Seidentaft und vergoldetem Leder wurden hier auf einen aus verschiedenfarbigem Seidenatlas zusammengesetzten Grundstoff appliziert.[19]

25

Die polnische Türkenbeute aus der Wiener Entsatzschlacht von 1683 befindet sich heute in Warschau und Krakau (Abb. 12). Zu dieser Sammlung gehört ein Zelt aus gefärbter Leinwand, auf das florale Motive aus Leinen, Leder und Atlas appliziert wurden. Während des 18. Jahrhunderts wurden in Polen selbst Militärzelte angefertigt, die die türkischen Originale kopierten und sehr beliebt waren.[20]

14 *Bilderbibel aus dem Pantheon,*
röm. Schule, 12. Jh. Zum 2. Bild von
oben: „Moses und sein Volk schlagen in
der Wüste Sinai ihre Zelte auf".
Bibliotheca Vaticana, Rom
(Ms.Vat.Lat.12858 c.60.v)

Auf Zeltplanen mit äußerst dekorativem Applikationsschmuck trifft man auch in Ägypten. Der historische Hintergrund dieser als »Chiameya« bezeichneten Planen ist bis heute weitgehend ungeklärt. Bereits Kurt Zipper wies auf eine Bibelstelle im 2. Buch Mose hin, in der von dem Bau einer Wohnung die Rede ist. Im 25. Kapitel wird aufgezählt, was der Herr als Hebopfer von den Kindern Israels verlangt, unter

27

anderem blauen und roten Purpur, Scharlach, köstliche weiße Leinwand, Ziegenhaar, rötliche Widderfelle, Dachsfelle und vieles mehr. Im 26. Kapitel wird der Bau
einer Wohnung »von zehn Teppichen von gezwirnter Leinwand, von blauem und
rotem Purpur und von Scharlach« beschrieben.[21] In der Folge weisen noch mehrere
Bibelstellen auf »gestickte köstliche Leinwand aus Ägypten«[22] hin, die vielleicht
zumindest die Hypothese erlauben, daß die »Chiameya« doch auf eine recht lange
Tradition zurückgehen könnten.

Im 2. Buch Mose, Kapitel 19,2 wird berichtet, daß Moses und sein Volk in der
Wüste Sinai ihre Zelte aufschlugen. Diese Bibelstelle wird zum Beispiel in einer Bilderbibel aus dem 12. Jahrhundet derart illustriert,[23] daß man eine genauere
Beschreibung ägyptischer Zelte voraussetzen muß (Abb. 14). Wir wissen von Tierdarstellungen, wie phantasievoll die malenden Mönche mit diesen Beschreibungen
exotischer Tiere umgegangen sind, die sie nie mit eigenen Augen gesehen hatten.

Ähnlich könnte es mit den ägyptischen Zelten gewesen sein, auf die in jedem Fall die Schilderung von ›farbenfroh‹ und ›ornamental gemustert‹ passen würde, auch wenn die »Chiameya« in der Realität stark von der Darstellung der Bilderbibel abweichen. Letzten Endes können diese Hinweise nur Vorschläge sein, etwas Licht in die unbekannte Geschichte dieser Zeltteppiche zu bringen. Heute werden sie ausschließlich in Kairo hergestellt und von der dort ansässigen Bevölkerung zu allen erdenklichen festlichen Anlässen benutzt (Abb. 15). Sie finden auch sehr dekorative Verwendung als Sonnenschutz auf offenen Terrassen. »Chiameya« werden aus ungefärbter heller Leinwand gefertigt, auf die nach Vorzeichnungen farbige Baumwollstoffe in arabesk-orientalisch anmutenden Mustern appliziert werden.[24] Unter dem Einfluß des zunehmenden Tourismus entstanden auch Behänge mit altägyptisch-pharaonischen Motiven. Sehr großformatige Beispiele dieser Art aus der Zeit um 1900 befinden sich in mehreren europäischen Sammlungen.[25]

Symbolische Applikationen Westafrikas

Eine ganz besondere Bewandtnis hat es mit den Applikationsstoffen des westafrikanischen Staates Dahomey, die in Jahrhunderte alter Tradition die politischen Verhältnisse des Landes widerspiegeln. Ihre Herstellung war das Monopol einer höfischen Schneiderzunft in der Landeshauptstadt Abomey, die im Auftrag und nach den Vorstellungen des jeweiligen Herrschers arbeitete. Die Könige der 1892 durch die Franzosen gestürzten Alladahonu-Dynastie regierten über zweihundert Jahre. Sie waren die letzte politische, militärische und juristische Instanz im Reich. Der alljährlich stattfindende Krieg gegen eines ihrer Nachbarländer war Ausdruck ihrer agressiven Expansionspolitik. Mit den Gefangenen beteiligten sie sich an dem sehr einträglichen Sklavenhandel, der im übrigen auch wirkungsvoll zur Disziplinierung der eigenen Untertanen eingesetzt wurde. Höfische Zeremonien gingen dem jährlichen Feldzug voraus und folgten ihm. Festzelte, Zeremonialschirme, große Planen und Banner, auf denen die Heldentaten in applizierten Darstellungen illustriert wurden, waren wichtiger Bestandteil dieser Feste (Abb. 16). Bei Forbes,[26] »Dahomey and the Dahomans«, wird 1851 ein karmesinroter, zeltförmiger Pavillon von zwölf Metern Höhe beschrieben und dargestellt, der den Platz des Königs kennzeichnete. Der verarbeitete Stoff war aus England importiert und mit Emblemen von menschlichen Schädeln und Ochsenköpfen geschmückt. Symbole der

16 *Applikationsstoff aus
Dahomey: Kämpfende
Krieger mit Löwe (König
Glele), 19. Jh., Höhe 220.
Musée des Arts Africains
et Océaniens, Paris*

Kraft waren das Hauptthema der höfischen Applikationskunst. Schlachtenszenen, Hinrichtungen, symbolische Darstellungen der Könige durch ihnen zugeordnete Tiere oder besondere Gegenstände, schmückten sämtliche bei der Zeremonie benutzten Textilien. Diese Applikationen vermittelten an exponierter Stelle die Botschaft von Gewalt und Tod und wurden von den Herrschern als wichtiges Instrument ihrer Führungsmacht eingestuft. Aus diesem Grunde überwachten sie ihre Produktion und Benutzung aufs strengste.[27]

Mit der Machtübernahme der Franzosen im Jahr 1892 änderten sich die politischen Bedingungen völlig. Die Schneider arbeiteten für die neuen Führungsschichten genauso, wie sie vorher den Königen dienten, nur mit dem Unterschied, daß die Symbolik der Applikationen keinen aktuellen, sondern nur noch einen historischen Bezug hatte. Durch die geänderten Verhältnisse erschlossen sie sich auch neue Kundenkreise, wie Offiziere und Reisende. Nach der Unabhängigkeit von 1960 wurde die einst so elitäre, in die regionale Kultur eingebettete Kunst zur lapidaren folkloristischen Ware für den Export. Zögernd aber beständig änderten sich damit auch die Themen der Applikationen. Zu der Bilderschrift, die früher von jedem begriffen wurde und deren Inhalte oft in begleitenden Gesängen interpretiert worden waren, haben heute meistens noch nicht einmal mehr die Schneider eine geistige Beziehung. Nur noch die Älteren unter ihnen sind in der Lage, die Symbole zu deuten. Die Herstellung der Applikationen ist zunehmend zu einer lieblosen Serienfabrikation verkommen.[28]

Während der Kolonialzeit bekamen die Applikationsstoffe in Dahomey insofern noch einmal eine wichtige neue Bedeutung, als sie innerhalb der üblichen Bestattungsrituale Verwendung fanden. Symbolisch dargestellte Sprichworte schmückten die zur Bestattung mitgebrachten Banner. Sie wurden während der Zeremonie von den Angehörigen des Verstorbenen in Gesängen erläutert.[29]

Eine sehr ähnliche Rolle spielten die Totenschreintücher der Anang-Ibibio in Südostnigeria (Abb. 17). Sie waren meistens aus einem applizierten Mittelfeld mit Patchworkrand gearbeitet und wurden über den hölzernen Rahmen des Totenschreines gespannt. Die Darstellungen der Applikationen bezogen sich auf das Leben der Verstorbenen und wurden während der Bestattungszeremonie von den nächsten Verwandten erklärt. Es ist nicht bekannt, ob es schon vor der Einführung bedruckter Baumwollstoffe üblich war, zum Beispiel aus Raphiagewebe, diese Totenschreintücher so herzustellen. Da sie nach der Zeremonie ungeschützt der Witterung preisgegeben waren, sind auch keine älteren Zeugnisse erhalten.

Interessant scheint in diesem Zusammenhang auch zu sein, daß während des Bestattungsrituals sämtliche Grabbeigaben unbrauchbar gemacht wurden, bevor man sie in den Schrein legte. Die Intention war wohl, sie für Plünderer wertlos zu machen, und das wird vermutlich auch der Grund dafür gewesen sein, daß die

17 *Totenschreintuch der*
Anang Ibibio, Südost-
nigeria.
Oron Museum,
Cross River State,
Nigeria

Totenhäuser nicht mit intakten Stoffbahnen bespannt wurden. Es gab allerdings in der betroffenen Region eine Gemeinschaft von Hexenmeistern, »ekong kamba«, die sich zu ihren nächtlichen Orgien mit Totenschrein-Patchworktüchern beklei-deten.

Durch die zunehmende Christianisierung wurde der beschriebene Totenkult verdrängt, und die Patchworktextilien haben in diesen Gegenden keine weitere Bedeutung mehr.[30]

Asiatische Patchworktraditionen

Weltweit steht die Herstellung und der Gebrauch von Patchwork- und Applikationstextilien oft im Zusammenhang mit festlichen Zeremonien und Anlässen. Es würde an dieser Stelle zu weit führen, sämtliche Erscheinungsformen beschreiben zu wollen. Die diesbezüglich reichsten und vielfältigsten Traditionen könnte man zum Beispiel in Nordindien, auf der Halbinsel Kathiawar (Gujarat), im Katschgebiet und in den Gegenden von Ahmedabad und Bombay finden. Hochzeiten bieten dort offensichtlich den wichtigsten Anlaß, Textilien mit Patchwork- und Applikationsschmuck als Teil der Mitgift oder als Festdekoration zu verwenden.

Patchworkquilts sind unerläßlicher Bestandteil der Mitgift vieler Bräute, was an folgendem Beispiel beschrieben werden kann. Die im indischen Katschgebiet lebenden Volksgruppen, deren Vorfahren vor circa 500 Jahren aus dem Grenzgebiet zwischen Iran und Irak ausgewandert sein sollen, werden unter dem Begriff »Jat« zusammengefaßt. Die einzelnen Stämme sind sich ihrer Gruppenidentität sehr bewußt, und ihr Sinn für Einigkeit gründet sich in gemeinsamen Traditionen und dem Glauben an gemeinsame Ahnen. Sie sind fast ausnahmslos Muslime und pflegen die gleichen Hochzeitsbräuche. Ihr ganzes Leben wird von Traditionen beherrscht, und die Hochzeit gilt als bedeutendes Ritual, diese Kontinuität zu zelebrieren. Die Mitgift ist das wichtigste Zeichen der Tradition, der man sich verpflichtet fühlt und deren Fortbestand das Überleben zu sichern scheint. Neben dem »Churi«, einem kaftanähnlichen Kleid mit besticktem Brusteinsatz, sind Steppdecken, Taschen und Kissen wesentlicher Bestandteil der Mitgift (Abb. 18). Besonders die Quilts gelten als Dokument der familiären und der sozialen Stellung innerhalb der Gruppe. Sie werden in erster Linie aus den Resten getragener Kleidung angefertigt, die sich ihrerseits in den Farben nach dem Status und der Gruppenzugehörigkeit ihres Trägers richtet. Auch die Patchworkmuster entsprechen dem Diktat überlieferter Traditionen. Manchmal werden die geometrischen Stoffteile, Quadrate, Rechtecke und Dreiecke, auch auf einen neuen oder gebrauchten Grund appliziert, der entweder aus Einzelteilen zusammengesetzt oder sogar neu eingefärbt wurde. Die Rückseiten der Quilts sind meistens aus dunkelgrünem oder schwarzem Stoff. An den Rändern und Ecken werden die Decken mit applizierten Reihen weißer Dreiecke und Rechtecke auf rotem Grund geschmückt. Quiltet eine Frau ihre Decke alleine, so wählt sie ein Muster konzentrisch angeordneter Rechtecke. Sind mehrere Frauen an der Stepparbeit beteiligt, so wird der Quilt von parallel verlaufenden Stepplinien durchzogen. In beiden Fällen wechselt die Farbe des Quiltfadens zwischen Rot und Schwarz ab. Wenige Gruppen nur haben eigenwilligere Quiltmuster, und auch individuelle, von den Traditionen abweichende Patchwork- und Applikationsmuster kommen nur sehr selten vor.[31]

33

18 *Quilt aus dem Katsch-
gebiet, „Atree", zum
Bedecken von Speise-
geschirr.*
Museum of Cultural
History, Los Angeles

Auf Kathiawar werden die Quilts in ähnlich festgelegter Weise hergestellt. Getragene Kleidung wird so lange in einem Bündel gesammelt, bis genug Material vorhanden ist, um einen neuen Quilt zu nähen. Verschlissene Fetzen und Lumpen werden als Wattierung verarbeitet, während die besseren Teile für Vorder- und Rückseite der Decke verwendet werden. Die haltbarsten und größten Stoffstücke kommen in die Mitte, weil diese erfahrungsgemäß am meisten strapaziert wird. In der Gestaltung des Musters ergänzen sich Patchwork und Applikation. Quadrate, Rechtecke und Rhomben werden auf- sowie aneinander genäht. Zusätzlich appliziert man Blumen-, Blatt- und Kreuzmotive in der Mitte und an den Ecken. Ist der Quilt fertiggestellt, wird er in einer ebenfalls aus Patchwork genähten Quilttasche mit dekorativ gezahntem Dreiecksrand verwahrt. Der Stapel dieser Quilttaschen,

34

19 Patchworkdecke aus dem
Sindh, Pakistan,
„Sindh-Relli", 207x125.
Auktionshaus Dr. Fritz
Nagel, Stuttgart

20 *Patchworkdecke aus Amritsar,*
dazu Detail mit umgeschlagener
Rückseite, 19. Jh., 195x115.
Museum für Völkerkunde, Berlin

*21 Usbekischer Koraki,
58x57.
Privatbesitz Adolf
Siegrist, Basel*

auf der Truhe jeden Hauses, ist farbiger Blickfang und sagt viel über die soziale
Stellung seiner Besitzer aus. Die Arbeit des Quiltnähens, bei der alte Kleidung zerrissen wird, um etwas Neues und Nützliches zu schaffen, wird von den Frauen als
eine Neuschöpfung nach der Zerstörung angesehen, als symbolische Handlung in
dem Sinne, daß Totes wieder zum Leben erweckt wird.

   Die Quilts dienen vor allem als Unterlage auf dem Boden oder Feldbett, wo sie
ausgebreitet werden, um sich darauf zu setzen oder zu legen. Auf beidseitig weißen
Quilts, die höchstens mit einigen Applikationen verziert sind, dürfen Männer und
Frauen Platz nehmen. Quilts, die ausschließlich aus bunten Frauengewändern
gearbeitet wurden, bleiben dem Gebrauch von Frauen vorbehalten. Quilts mit
einer weißen und einer farbigen Seite dürfen, auf der jeweils richtigen Seite, von
Männern und Frauen benutzt werden (Abb. 20).[32]

Der traditionelle Gebrauch von Patchworkquilts läßt sich natürlich auch für andere Gegenden nachweisen. Sie unterscheiden sich in ihrem Aussehen, das von sehr einfachen geometrischen Mustern geprägt ist, kaum voneinander. Lediglich die Applikationsquilts der Mahajan-Gemeinden sind eine wirkliche Besonderheit. Hier werden die Decken von streng geometrischen Negativapplikationen geschmückt. Das Muster wird wie bei dem Papierscherenschnitt aus bunten, mehrfach gefalteten Stoffen ausgeschnitten und erst durch das Hindurchschimmern des weißen Applikationsgrundes offenbar.[33]

In den Quilts der in Westpakistan lebenden Sindh kommen sehr verwandte Muster mit Negativapplikationen vor (Abb. 19). Sie werden von den Frauen innerhalb der Familien als Gemeinschaftsarbeiten hergestellt und dienen in erster Linie als Schlafdecken unter freiem Himmel. Ihre Muster – die wir Europäer mit der Vielfalt von Schneeflockenformen vergleichen würden – sollen gleichsam den strahlenden Sternenhimmel reflektieren. Kleine Musterquadrate überziehen die Oberflächen der Quilts gleichmäßig oder schachbrettartig im Wechsel mit unifarbenen Quadraten. Aus dem zentralen Sindh stammen dagegen sehr farbenfrohe Arbeiten in Schwarz, Rot, Gelb und Weiß. Auch strenge, wieder rein geometrische Patchworkquilts kommen aus dieser Gegend.[34]

Als Festdekoration treten Patchworktextilien in ganz Asien auf. Farbenfrohe Pferde- und Ochsenbehänge sowie »Osmolduks«, Kamelflankenbehänge, und Elefantenschmuck sind farbenfroher Bestandteil vieler Zeremonien und Feste (Abb. 22). An die Stelle der sonst weit verbreiteten Stickereien treten hier bunte, plakativ wirkende Applikationen, deren Muster sich lediglich an den Stickmustern orientieren. Die Kombination von Patchwork, Applikation und Stickerei tritt auch sehr häufig auf. Die Farben Rot, Weiß, Schwarz und Gelb dominieren in allen Textilien dieser Machart, auch im reinen Patchwork. Als eine Art Durchbrucharbeit könnte man jene Behänge und Decken bezeichnen, bei denen die einzelnen, hinterfütterten Quadrate nur an den Ecken miteinander verbunden sind. Sie liegen wie ein »Netz« von Rauten über dem Fell des Tieres und lassen es hindurchschimmern. Mit Vorliebe verwendet man Seiden- und Baumwollstoffe, die meistens, zum Beispiel anläßlich einer Hochzeit, von den Familienangehörigen und Freunden des Brautpaares gestiftet werden. Zum gleichen Anlaß werden Vorhalle und Veranda des Hauses am Tag der Hochzeit mit Wandbehängen geschmückt. Auf Kathiawar bestehen diese aus einem Fries (pachhitpati), der Gottheiten und Prozessionsszenen, ähnlich den steinernen Friesen in Hindu- und Jain-Tempeln, zeigt. An diesem sind von Patchworkrauten eingefaßte, quadratische Musterfelder angebracht. Auch die oben beschriebenen Durchbrucharbeiten kommen in diesen Wandbehängen vor.

Quadratische Einschlagtücher aus Patchwork und Applikationen, in die Teile

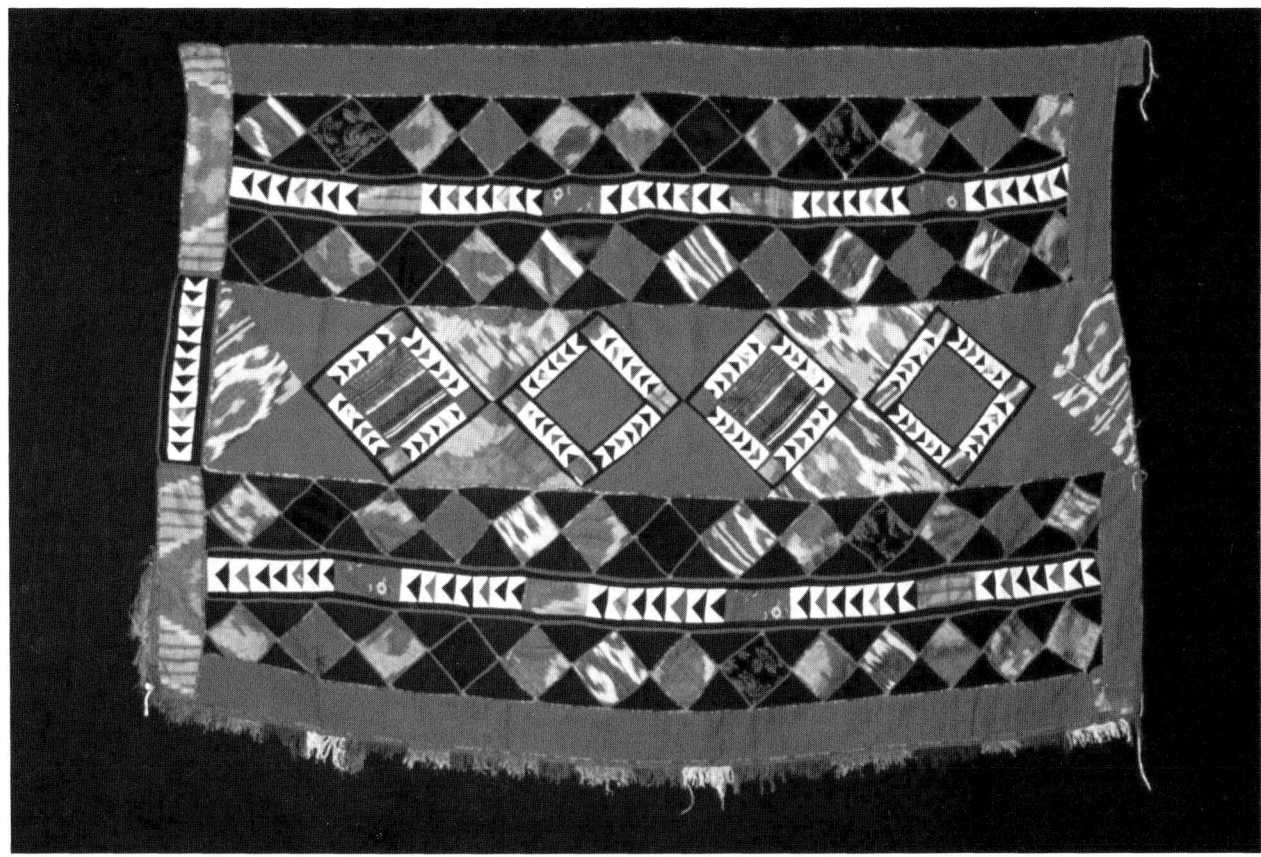

der Mitgift oder Geschenke eingeschlagen waren, können ebenso als Wand-schmuck aufgehängt werden.[35] Die Verwandtschaft dieser Textilien stimmt in Aussehen und Gebrauch mit afghanischen Korakis und koreanischen Einschlagtüchern überein. Die Geometrie der Muster wird lediglich durch die unterschiedliche Stoffauswahl in den verschiedenen Ländern variiert (Abb. 21).

Von den afghanischen Korakis weiß man, daß ihre Muster und Farben symbolisch belegt sind: sie sollen Dämonen und böse Geister fernhalten. Gelb ist gegen Geister, Weiß wirkt gegen den bösen Blick. Grün, als Farbe der Natur, ist die heilige Farbe und Rot ist Mohammed geweiht. Das Dreieck ist das turkmenische Schutzzeichen schlechthin, der achtzackige Stern steht für Salomon, den Propheten der Mohammedaner. Fünf Quadrate als zusammengeordnetes Punktebild verdammen alles, was einer Nomadenfrau schaden könnte. Das eingestickte Stammeszeichen oder eine mit Seide umwickelte Haarsträhne verdeutlichen den persönlichen Bezug und die Anklänge an schamanistische Glaubensvorstellungen.[36] Für die indischen Einschlagtücher ist eine gleichartige Symbolik durchaus denkbar.

22 Usbekischer Kamel-flankenbehang (Rautennetz), 155x110. Privatbesitz Adolf Siegrist, Basel

39

Die Vorstellung, daß Flicken Unheil abwehren, scheint gerade für die Verwendung von Patchworktextilien zu religiösen Festen und Zeremonien zu sprechen. Doch neben den Quilts und Behängen wurden im gesamten asiatischen Raum auch Gebrauchsgegenstände aus Patchwork und Applikation hergestellt. Die generell sehr schlichten und doch bunten Muster sind aus den unterschiedlichsten Stoffqualitäten, von der einfachen Baumwolle bis zu edlen Ikats, Seiden und Brokaten. Die traditionelle Einbindung dieser Textilien wird jedoch durch die permanent fortschreitenden gesellschaftlichen Veränderungen zunehmend in Frage gestellt, so daß sie vielleicht bald nur noch ein Teil der Kulturgeschichte sind.

Patchwork und Applikation als Kleidungsschmuck

Die Verzierung von Kleidung mit Patchwork und vor allem mit Applikation ist in allen Völkern zu allen Zeiten weit verbreitet gewesen. Auch hier bieten sich die Vorteile gegenüber empfindlicher Stickerei an. Das Material ist jedoch zu umfangreich, um wirklich jede Patchwork- und Applikations-»Mode« hier beschreiben zu können. So greife ich wieder einige Beispiele exemplarisch heraus, die die Vielfalt wenigstens im Ansatz veranschaulichen können.

Als Fellmosaik bezeichnet man die Arbeiten, mit denen die Völker Nordrußlands und der Halbinsel Kamtschatka ihre Kleidung und Decken verzieren. Fellstücke kontrastierender Farben werden in geometrische Stücke zerschnitten und so zusammengenäht, daß ein dunkles Muster auf hellem Grund oder ein helles Muster auf dunklem Grund entsteht. Rhythmisch alternierende winzige Dreiecke, zickzack laufende, kleine Rechtecke und die unterschiedlichsten Zusammenstellungen von Quadraten und Rauten bilden Musterbänder und Felder, die hauptsächlich an Schulterpassen, Säumen und Ärmelkanten der Parkas und Anoraks eingesetzt werden (Abb. 24). Man kann sich hier kaum ausreichende Vorstellungen von der unglaublich feinen Handarbeit machen, mit der das an sich recht störrische Material zu winzigen und sauber verarbeiteten Mustern zusammengesetzt wird. Da die Farbigkeit sich im wesentlichen auf den Hell-Dunkel Kontrast der Felle stützt und höchstens von Paspeln und Kanten aus roten, blauem oder gelbem Wollstoff verschönert wird, nennt man diese Muster unter den Einheimischen auch »Nordlichtmuster«.[37]

Besonders kompliziert wirkende, farbenfrohe und äußerst dekorative Applikations- und Patchworkarbeiten werden von den Frauen der Hmong, Miao, Lahu, Akha und Lisu genäht. Diese Volksgruppen leben heute noch zum großen Teil in Südwestchina und dem südlichen Teil Zentralchinas, aber auch in den nördlichen Gebieten von Thailand, Laos und Vietnam. Sie beherrschen in besonderem Maße eine Fülle textiler Techniken, unter denen Stickerei und Applikation die wichtigsten sind (Abb. 23).

Die Vielfalt der Erscheinungsformen von Applikationen und Patchwork an ihren Trachten und häuslichen Textilien verbietet eigentlich eine verallgemeinernde Beschreibung. Andererseits würde eine allzu große Differenzierung an dieser Stelle zu weit führen. Die verarbeiteten Stoffe werden aus handgesponnenen

◁
23 Jacke und Rock zur Hochzeitstracht der Schwarzen Miao, Guizhou, China.
  Museum für Völkerkunde, Berlin

24 Wintermantel der
Korjaken, Kamtschatka,
Sibirien, 19. Jh.
Museum für Völker-
kunde, Berlin

24a Detail der
„Nordlichtmuster"
aus dem Wintermantel
Abb. 24

Hanf- oder Baumwollgarnen selbst gewebt oder von reisenden Händlern gekauft. Dominierend sind die Farben Rot, Blau, Schwarz und Weiß, ergänzt durch eine sehr kräftige und helle Farbpalette. Streifen und Dreiecke werden in Patchworktechnik aneinandergesetzt, um vorrangig Jacken- oder Blusenärmel sowie die zu fast allen Frauentrachten gehörenden Stulpen oder Gamaschen zu schmücken. Die Applikationen beschränken sich im wesentlichen auf geometrische Formen, besonders auf Dreieck und Quadrat, und auf eine begrenzte Anzahl floraler Motive. Negativapplikationen, bei denen zwei Lagen verschiedenfarbiger Stoffe übereinandergelegt werden, sind am beliebtesten. Die herausgeschnittenen Muster lassen die jeweils darunterliegende Farbe hervorschimmern. Mit aufgesetzten weißen Borten oder Stickerei werden die Motive zusätzlich konturiert, die ohnehin schon sehr feinen und kleinteiligen Arbeiten noch differenzierter gemustert.

Die heiratsfähige Jugend trägt innerhalb fast aller Stammesgruppen die aufwendigste Kleidung. Mit großem Ehrgeiz wenden die jungen Mädchen viel Zeit für die Ausstattung ihrer Trachten auf, die in der Regel aus einer Jacke oder Bluse, einem plissierten Rock oder einer Hose, Gamaschen, Schärpe, Brusttuch oder Schürze sowie einer Kopfbedeckung bestehen. »In der Hoffnung, die Anziehungskraft auf Mädchen steigern zu können, lassen Mütter bei der Einkleidung ihrer Söhne ebenfalls größte Sorgfalt walten«.[38] Die schönsten Kleidungsstücke werden zum Neujahrsfest getragen, da man fürchtet, daß das Tragen alter Kleidung zu diesem Anlaß Armut im neuen Jahr nach sich ziehen könnte.

Auch Kindermützen und Babytragetücher werden auffallend liebevoll mit kunstvollen Negativapplikationen verziert. Die verschiedenen Stadien des Heranwachsens, die durch bestimmte Feste in Abschnitte unterteilt sind, werden durch den Wandel der Kleidung und Ausstattung dokumentiert. Die Hochzeittrachten haben in dieser Reihe wieder einen hervorragenden Stellenwert. Selbst die Verstorbenen werden prächtig eingekleidet, bevor man sie bestattet. In jedem Fall bieten sich immer genug Gelegenheiten für die Frauen, mit viel Sorgfalt an der Ausstattung der stammesüblichen Trachten zu arbeiten.[39]

Die auf Hokkaido als Fischer und Jäger lebenden Ureinwohner Japans, die Ainu, haben über die Jahrhunderte hinweg ihre Kleidung niemals anders als mit Applikationen und Stickereien geschmückt (Abb. 25). Es ist anzunehmen, daß die Applikation innerhalb dieser ganz bestimmten Volksgruppe technisch aus dem Lederpatchwork entwickelt wurde. Seit frühester Zeit wurden Kleidung, Handschuhe, Taschen und andere Gegenstände durch das Zusammennähen verschieden großer Fisch- und Tierhäute hergestellt. Unterschiedliche Farben und Texturen ergaben automatisch die schönsten Patchworkmuster. Die Tradition solcher Lederverarbeitung läßt sich um einige Jahrhunderte weiter zurückverfolgen als der Gebrauch gewebter Textilien. Die Anwendung einer Art Knopflochstich in den

Applikationen bildet die technische Verbindung zu diesen frühen Lederpatchworks.

Von den Wissenschaftlern werden die Muster der Ainu in den Zusammenhang mit der Jomon-Schnurkeramik gestellt. Das heißt, daß ihre formalen Ursprünge und ihr symbolischer Gehalt bis in das dritte vorchristliche Jahrhundert zurückgeführt werden. So wie die Muster der Jomon-Keramik vermutlich den Inhalt der Gefäße vor Gift und Fäulnis bewahren sollten, so beschützen die immer symmetrisch angelegten Bandornamente der Ainu-Kleidung den Körper des Trägers vor Krankheit und Verletzung. Die Applikationen sind meistens nur am Halsausschnitt, den Rücken hinunter, an Saum, Ärmelaufschlägen und Manschetten appliziert, da insbesondere die Öffnungen von magischen Mustern bewacht sein sollten. Eine das gesamte Kleidungsstück bedeckende Musterung kommt nur in wenigen Regionen Hokkaidos vor. Die Muster der Ainu muß man als Synthese aus – vom Schamanismus inspirierten – Jomon-Ornamenten und fremden, besonders chinesischen, Einflüssen begreifen. Auf Textilien sind sie ausschließlich von Frauen genäht worden und haben sich dort, im Gegensatz zu allen anderen kunsthandwerklichen Bereichen, ihre originale Form am meisten bewahrt. Die ältesten erhaltenen Textilien, die von den Ainu selbst hergestellt wurden, stammen aus dem späten 18. und frühen 19. Jahrhundert. Seit 1912 verloren sie allerdings viel von ihrer Authentizität.

Die von den Ainu auf sehr primitiven Webvorrichtungen hergestellten Gewebe aus Fasern der Atsui-Baumrinde wurden durch Importe von Baumwolle, Seide und Ramie aus Honshu und China ergänzt. Unter den importierten Textilien scheinen jedoch nicht nur Stoffe, sondern auch fertige Kleidungsstücke wie Kimonos, Mäntel und Theaterkostüme gewesen zu sein, die sich besonderer Beliebtheit erfreuten. Trotzdem scheinen diese den ursprünglichen, einheimischen Kleidungsstil nicht wesentlich beeinflußt zu haben. Erst wenn sie zerschlissen und abgetragen waren, wurden sie zerschnitten und in traditionellen Spiral- oder Labyrinthmustern auf Ainu-Kleidung appliziert und mit sparsamer Stickerei zusätzlich geschmückt.[40]

Als »kirihame« bezeichnete man im Japan der Edo-Periode, also vom 17. bis 19. Jahrhundert, Applikationen und Patchwork, auch wenn diese Techniken schon lange vorher Anwendung fanden (Abb. 26). Als Kleidungsschmuck kann man »kirihame« unter dem Begriff »zogan«, der heute nur noch für Einlegearbeiten in Holz oder Metall verwendet wird, bis in das Jahr 1056 zurück verfolgen. Aus dieser Zeit stammt die Beschreibung eines Kleidungsstückes mit blauem »zogan«-Muster auf weißem Grund, das ein Teilnehmer während des Neujahrswettbewerbs für Poesie im Palast der Kaiserin getragen haben soll.[41]

Während der Edo-Periode entwickelte sich eine Kostümtradition, die sich auf

25 Ainu-Oberkleid aus Rindenbast des Atsui-
Baumes mit Applikationen und Stickerei,
19. Jh., Japan.
Museum für Völkerkunde, Berlin

26 Kosode aus Japan, um 1700, Beispiel für aus der
Kirihame-Technik entwickelte Muster.
Deutsches Textilmuseum, Krefeld-Linn

die Verwendung von »kirihame«, also Patchwork und Applikation, gründete. In erster Linie wurden Kosode- und Noh-Kostüme, die aus mehreren verschiedenen Stoffteilen zusammengesetzt wurden, als »katami gawari«-Kimonos gestaltet. Anhand dieser Gewänder läßt sich eine regelrechte Entwicklung von strengem zu ausgesprochen freiem Patchworkdesign nachvollziehen. Der erste Schritt führte dazu, daß man zwei Kimonos auseinanderschnitt und die vier Hälften zu zwei, aus jeweils unterschiedlichen Teilen zusammengesetzten neuen Gewändern verband.

Abb. S. 46:

27 Ledernes Patchwork-
gewand eines Häupt-
lings in Liberia,
Vorder- und Rück-
seite.
Etnografisk Museum,
Oslo

28 Pelzmantel für Frauen
aus der Nordslowakei
mit Applikationen und
Fellmosaik, Vorder-
und Rückseite,
Ende 19. Jh.
Museum für Völker-
kunde, Berlin

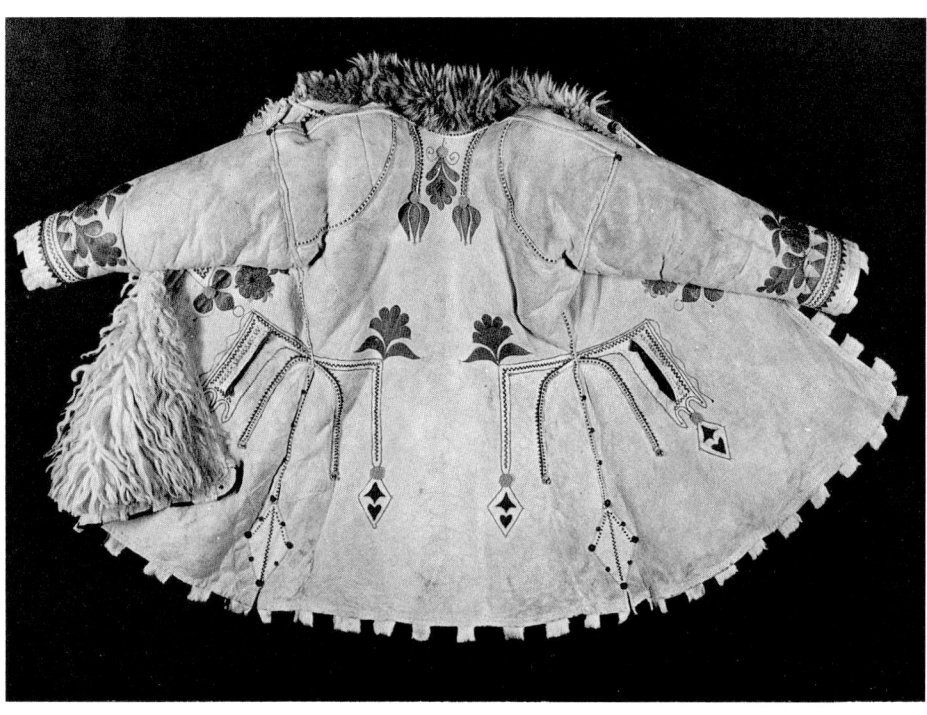

Dies war auch ein nützlicher Weg, die gute Hälfte eines Kimonos weiterzuverwenden, wenn die andere verdorben war. Allerdings erscheint es zweifelhaft, daß solche ökonomischen Aspekte hierbei eine Rolle gespielt haben sollen, denn schließlich wurden diese Gewänder ausschließlich von sehr wohlhabenden und angesehenen Persönlichkeiten getragen. Man muß davon ausgehen, daß dieses Prinzip mehr aus ästhetischen Erwägungen heraus verfolgt wurde. Es bietet sich in diesem Zusammenhang an, auf die Tradition der Papiercollage hinzuweisen, wie sie beispielsweise in der Sanjuroko-nin Kashu Anthologie im Nishi Hongan-ji Tempel in Kyoto aus der ersten Hälfte des 12. Jahrhunderts offenbar wird. Papiere unterschiedlicher Farbe und Muster wurden in endloser Variationsvielfalt in immer neue Formen geschnitten und aneinandergesetzt. Diesem gestalterischen Prinzip entsprechend folgte nach der vertikalen Zweiteilung des Gewandes die horizontale Teilung und schließlich die Kombination beider Arten zu einem großflächigen Schachbrettmuster, »dan-gawari« genannt. Darüber hinaus entwickelte sich eine Fülle freier Muster, die geometrisch geordnet als Patchwork oder organisch verlaufend in Applikation gearbeitet wurden. Die individuellen Muster sind immer so, daß ein harmonischer Effekt erzielt wird und die Vermutung, daß die »kirihame«-Techniken nur aus ästhetischen Beweggründen angewandt wurden, drängt sich auf. Ihre Wirkung versuchte man auch durch Stoffdruck und Stickerei zu erreichen (Abb. 26).[42]

Patchworkkleidung als Privileg der Führungsschicht, so anachronistisch das anmuten mag, begegnet uns immer wieder, nicht nur in Asien, sondern auch in

29 *Mola der Cuna-Indianer in Negativ-*
applikation, San Blas-Inseln, Panama.
Privatbesitz Christoph Schmidt, Essen

West- und Nordafrika. Häuptlinge der Asante und Wuinta in Ghana trugen Roben aus Applikationen und Patchwork, die sie als »Größte« kennzeichneten. Aus Liberia gibt es das Beispiel von Leder-Patchworkgewändern, die von den Häuptlingen zu Beginn unseres Jahrhunderts getragen wurden (Abb. 27a, b).[43] Dieser Aspekt muß wieder aufgegriffen werden.

Die These, daß Patchwork und Applikation als Synonym für arm und mittellos gesehen werden könnte, weil sie eben nur eine »Flickenkunst« sei, ist mit aller Sicherheit unhaltbar. Im Gegenteil achten alle Kulturen, in denen Patchwork- und Applikationstextilien traditionell vorkommen, diese als Träger besonderer sozialer, religiöser oder zumindest dekorativer Symbole.

Dabei ist es völlig gleichgültig, ob es sich nun um die »Mausezahnapplikationen« aneinandergereihter, kleiner weißer Dreiecke an den Jacken und Leibchen der Frauen auf Celebes und den Molukken[44] oder die Filz- und Lederapplikationen auf den Mänteln der Bewohner Osteuropas[45] handelt (Abb. 28a, b). Ob es die Vielfalt der Molakana von den Cuna-Indianern auf den San Blas-Inseln (Abb. 29)[46] oder die schlichte Einfachheit der Patchworkumhänge der Schwarzen in Surinam[47] betrifft – sie alle haben mehr als nur einen dekorativen Anspruch. Ob sich Yves Saint Laurant dessen bewußt war, als er einmal ein Patchwork-Hochzeitskleid[48] für eine französische Adelige kreierte?

Symbolkraft der Patchworkkleidung

Als äußeres Zeichen ihres Armutsgelübdes trugen buddhistische und islamische Mönche, Fakire und Derwische seit jeher Patchworkumhänge, Kutten und Mäntel (Abb. 30). Die Derwische beschrieben Mohammed als einen Mann, der stets geflickte Kleidung trug, und auch seine Nachfolger, die »vier rechtgebietenden Kalifen«, taten es ihm gleich. So wird über Kalif Omar berichtet, er habe oft neben den armen Leuten auf den Stufen der Moschee geschlafen. Es sei vorgekommen, daß Gesandte aus fernen Provinzen den »Beherrscher der Gläubigen« erst mühsam suchen mußten und sehr erstaunt waren, ihn im Flickenkleid anzutreffen. Aber wie beeindruckt seien die Gesandten dann gewesen![49]

Die Derwische, in Sekten und Orden organisiert, versuchten, durch Gebete, Gesänge und weltliche Armut eine mystische Vereinigung mit dem Schöpfer zu erlangen. Gleichzeitig waren sie hochgebildet und traten als Lehrer und Weise auf. Immer wieder stößt man in Reiseberichten aus Persien und Zentralasien auf die

30 Derwisch-Mantel aus Persien, Mitte 19. Jh. Museum für Völkerkunde, Berlin

Beschreibung der Derwische in Flickenkleidung, die sie als weise und religiöse Männer kenntlich machte und auszeichnete.

Um die Mitte des 19. Jahrhunderts sammelten sich im Sudan die Mitglieder des Derwischordens der Samarija um Mohammed Ahmed, der sich als der vom Propheten angekündigte Mahdi ausgab. Als »Mahdisten« erhoben sie sich 1881 in Kordofan gegen die ägyptische Regierung. Sie trugen regelrechte Patchworkuniformen, und ihre Offiziere hatten weiße Uniformmäntel, die mit braunen und blauen Applikationen sehr elegant aussahen (Abb. 31). Nach mehreren Siegen, die die Mahdisten zwischen 1881 und 1883 errangen, erlangten sie die Herrschaft über Kordofan, die 1884 auch vom englischen Gouverneur in Karthum anerkannt wurde. Damit waren sie die Herrscher über den Ostsudan und konnten diese Führungsposition auch unter dem Nachfolger des Mahdi, Abdullahi ibn Seji Mohammed, bis 1898 halten. Erst dann gelang es den Engländern unter Lord Kitchener den Ostsudan zurückzuerobern.[50]

Daß das Tragen von Patchwork und Quilt-Rüstungen in Afrika offenbar nichts Ungewöhnliches war, beweisen noch mehrere Hinweise aus dem 19. Jahrhundert, von denen zwei an dieser Stelle exemplarisch referiert werden sollen.

Aus Ghana existiert die interessante Beschreibung eines Kampfanzuges, der als Teil einer ganzen Sammlung von Geschenken im Jahr 1820 dem englischen König vom Oberhaupt der Asante geschickt wurde. Es handelte sich dabei um eine Art

31 Uniformjacke eines Mahdi-Offiziers, Ostsudan, Ende 19. Jh. Museum für Völkerkunde, Berlin

51

32 *Pferdequilt-Rüstung aus dem Sudan.*
Museum of Mankind, London

gequiltete Baumwollrobe, die teilweise mit geheimnisvollen Fetzen und arabischen Schriftzeichen bedeckt war. Als Rüstung konnte sie dem Aufprall eines Flintenge-schosses ebenso standhalten wie dem Schlag mit einer Stahlwaffe.[51] Die Häuptlinge der Batakaraki tragen diese Art Kleidung, deren Brauch sicher bei den Asantefür-sten begründet wurde, noch heute als Teil der Staatsinsignien.[52]

Auf seiner Reise durch Nord- und Zentralafrika in den Jahren 1849 bis 1855 begleitete der deutsche Forscher Heinrich Barth einmal das mehrere tausend Mann starke Reiterheer des Bornu-Herrschers auf einem Kriegszug gegen ein benachbar-tes Fürstentum. »Die Pferde trugen dicke Panzerdecken aus Kapokwatte, die sie gegen Hiebe, Pfeile und Speere schützten. Die Reiter waren mit Mänteln aus dem gleichen Material gewappnet« (Abb. 32).[53]

1984 begrüßte ein Urenkel des Sultans von Zinder eine deutsche Expeditions-gruppe in immer noch der gleichen Ausstattung.[54]

Doch man muß nicht in Afrika bleiben, um dem Patchwork als Ausdruck geist-licher oder fürstlicher Macht zu begegnen. Die islamischen Fürsten Zentraljavas trugen zu offiziellen Anlässen eine Patchworkjacke, die sie als oberste Religions-herren auszeichnete (Abb. 33). Diese »Kyai Antakusuma« (ehrwürdige Vielblu-mige) soll ein islamischer Heiliger als Geschenk Gottes erhalten haben. Man ver-mutet eine magische Beschaffenheit der Einzelteile aus wertvollem Material. Hinzu kam ein schmaler Schal »Samir belah ketupat« als Amtszeichen der Oberhofmeiste-

52

33 Sultan Hamenku Buwono VII. von
Jakarta (1877-1921) im Staatskleid mit
Patchworkjacke.
Tropenmuseum, Amsterdam

rin. Die Soldaten der fürstlichen Leibgarde trugen bis zum Ende des letzten Jahrhunderts ebenfalls Patchworkwesten, die genau wie die Jacke und der Schal ein Windmühlenmuster aus Dreiecken schmückte. Man muß annehmen, daß diese Kleidungsstücke noch aus vorislamischer Tradition stammen. Im javanischen Schattenspiel, dessen Repertoire neben den altindischen Epen »Ramayana« und »Mahabharata« auch den vorhinduistischen Ahnenkult umfaßt, ist der Priester und Lehrer »Durna« durch ein Patchworkmuster gekennzeichnet. Die urjavanische Figur des Weisen »Semar«, der mit seinen Söhnen als Spaßmacher und Berater der guten Partei auftritt, kommt zwar in der indischen Version des Mahabharata nicht vor, hat aber auch ein Lendentuch mit einem Patchwork-Windmühlenmuster.[55]

Patchwork muß nicht, kann aber Macht und Größe bedeuten, symbolisch gegen Geister und Gefahren schützen und Zauberer und Weise kennzeichnen – es bleibt offenbar nur sehr selten bei der reinen Dekorativität.

53

Patchwork in Europa

Für die Einführung der Patchwork- und Applikationstechniken in Europa müßten wieder die Kreuzritter verantwortlich gemacht werden. Ihre Umhänge, Banner und Standarten waren vornehmlich mit applizierten, heraldischen Motiven geschmückt (Abb. 34, 35).

Als ältestes erhaltenes Beispiel einer Applikationsarbeit aus dem deutschsprachigen Raum wird in der Fachliteratur immer wieder der Kaisermantel der hl. Kunigunde von 1010 aus dem Bamberger Domschatz genannt.[56] Da der erste Kreuzzug vor allem der französischen Ritterschaft und der süditalienischen Normannen erst 1096 stattfand, käme dann eine Urheberschaft der Kreuzfahrer für die Einführung des Patchworks nach Europa kaum in Frage, auch wenn sie noch so plausibel erscheint. Tatsache ist aber, daß die frühmittelalterlichen Seidenstickereien des kaiserlichen Mantels erst im 16. Jahrhundert ausgeschnitten und auf blauen Satingrund appliziert wurden.[57] Es ist deshalb so wichtig, diesen Sachverhalt, quasi exemplarisch, richtigzustellen, weil die Fachautoren für die europäische Historie der Patchwork- und Applikationstechniken immer wieder dieselben, mehr oder weniger spektakulären Geschichten zitieren. Dabei werden sie in den meisten Fällen weder mit Quellenangaben noch mit Abbildungen versehen und bleiben somit unüberprüfbar, und trotzdem werden sie durch einen großen Teil der Fachliteratur geschleppt.

Es gibt natürlich einige Beispiele für Patchwork in Europa und noch viel mehr für Applikationen. Man muß aber erkennen, daß dies zwei Techniken der Textilgestaltung unter vielen waren, die niemals sehr weit verbreitet und populär waren. Von Traditionen wird man in diesem Zusammenhang ohnehin nicht sprechen können.

Applikation wurde mit Vorliebe für die Gestaltung kirchlicher Textilien eingesetzt. Für die Einführung applizierter Wandbehänge in die großen italienischen Kirchen habe sich als erster der Maler Sandro Botticelli (1444/45 – 1510) in Florenz eingesetzt, heißt es in der Fachliteratur.[58] Dies folgert man wohl aus den Ausführungen des Künstlerbiographen Giorgio Vasari, der berichtet, daß Botticelli Entwürfe für »lavori di commesso«, also Auftragsarbeiten, angefertigt habe. Auch seine Künstlerkollegen Antonio Pollaiuolo (1431 – 1498) und Andrea del Sarto (1486 – 1531) taten das, jedoch ausschließlich für die damals hochgerühmten, in Florenz ansässigen Stickereiwerkstätten, denn diese führten die Auftragsarbeiten

34 Große Heidelberger Liederhandschrift „Codex Manesse"
   (Walter von Klingen), frühes 14. Jh.
   Kämpfende Ritter in patchwork- und applikations-
   verzierten Gewändern.
   Universitätsbibliothek Heidelberg
   (Cod.Pal.Gem.848,fol52^r)

35 Juliusbanner der Landschaft Saanen, Mailand 1512,
   173x154. Zusammengesetzt aus mailändischem
   Seidendamast mit Granatapfelmuster, darauf
   applizierter und gestickter auffliegender Kranich
   und Christusdarstellung.
   Historisches Museum, Bern

36 *Antependium der Schiffahrergilde zu Nimwegen, um 1494, 220x98.*
Nijmeegs Museum, Commanderie van Sint Jan, Nimwegen

37 *Patchwork- und Applikationsdecke*
aus Dahlem, Schweden, frühes
15. Jh., 270x210.
Statens Historika Museer,
Stockholm

Abb. S. 57:
38 *Italienischer Wandbehang mit*
Applikationen, Ende 16. Jh.
Victoria & Albert Museum, London

aus. Sie schufen Seidenstickereien in Nadelmalerei, Spaltstich mit Goldakzenten und in der Technik des or nué, nach den Entwürfen und Farbvorstellungen der Künstler.[59] Weder Applikationen noch Patchwork sind dort gearbeitet worden, und es sind auch keine Zeugnisse davon erhalten.

Dagegen gibt es einige Beispiele aus den Niederlanden, die aus der gleichen Zeit stammende Applikationen zeigen. Ein Antependium der Schiffahrergilde von Nimwegen in mit Papier unterlegter Seidenapplikation entstand um 1494 (Abb. 36).[60] Es liegt die Vermutung nahe, daß solche Arbeiten kein Einzelfall gewesen sind.

Während des 16. und 17. Jahrhunderts sind applizierte Textilien, auch als Intarsienstickereien bezeichnet, in ganz Europa nachweisbar. Es handelt sich dabei in erster Linie um kirchliche Textilien, vom Wandbehang bis zum Chorrock. In wohlhabenderen Kreisen gab es sie auch als Behänge, Decken und Kissen sowie als Kleiderschmuck.

Selbst gekrönte Häupter sollen sich mit der Patchworkkunst und besonders mit Applikationen beschäftigt haben. Maria Stuart lernte als junges Mädchen am französischen Hof der Katharina von Medici den Umgang mit der Nadel und wurde in der Herstellung von Spitzen, Stickereien und Applikationen unterwiesen. Während ihrer langen Gefangenschaft sollten ihr diese Fähigkeiten zugute kommen, um sie von ihrem Kummer abzulenken. Ihre Arbeiten können noch heute im englischen Hardwick Hall besichtigt werden.[61]

In alten Aufzeichnungen der französischen Revolutionszeit wird von einem Quilt der Königin Marie Antoinette berichtet, den die Damen am Hofe ihrer Mutter, Maria Theresia von Österreich, in acht langen Jahren für sie genäht haben sollen. Er war sorgfältig mit Applikationen von Vögeln, Cupidofiguren und anderen Liebesmotiven verziert.[61]

Applikationen wurden in allen Ländern Europas, besonders in Italien, Spanien und Frankreich, seit dem 16. Jahrhundert aus vorwiegend kostbaren Materialien wie Seide, Satin, Samt und Brokat genäht (Abb. 38). Patchwork wurde, wenn überhaupt, in weniger wohlhabenden Kreisen und in ländlichen Gebieten hergestellt. Für die zukünftige Entwicklung dieser Technik in England und den Vereinigten Staaten scheinen jedoch die europäischen Textilien dieser Machart keine größere Bedeutung gehabt zu haben.

In Schweden wird meines Wissens die älteste erhaltene europäische Patchworkdecke aufbewahrt, die wahrscheinlich 1303 für eine Hochzeit angefertigt wurde. Sie zeigt den Kamm einer deutschen Prinzessin, was man als Nachweis dafür ansah, daß diese Technik aus Deutschland eingeführt wurde. Aus Schweden stammt auch eine Decke des frühen 15. Jahrhunderts, die aus zwölf Quadraten zusammengesetzt und mit Intarsienstickerei verziert ist (Abb. 37). Kissen, Decken und Behänge, die in diesen Techniken genäht sind, wurden der Kirche geschenkt, nachdem sie erst weltlichen Zwecken gedient hatten.[62]

Aufnäh- und Lappenarbeiten

Für den deutschsprachigen Raum sind Aufnäharbeiten aus Stoffresten, die mit einfachen oder zierenden Stichen auf den Tuchgrund genäht wurden, mehrfach überliefert. In recht zuverlässigen Quellen wird von diesen Textilien berichtet.[63] Wir finden sie als Kissen aus den Vierlanden (Abb. 39a, b) und Schleswig-Holstein, sowie auf sogenannten Kammtaschen, wie sie auch in Ostpreußen benutzt wurden. Schlesische Bahrtücher und die Sargschilde der Breslauer Zünfte wurden in eben dieser Technik gearbeitet. Als Lederarbeit kommen rote, grüne und gelbe Schmuckformen auf dunkelrotem Grund in den Bezügen bayrisch-fränkischer Körbe vor und schließlich auch an den Siebenbürger Brustflecken, Kirchenpelzen und Männergürteln.

In Niedersachsen wurden während des 15. Jahrhunderts größere Applikationsdecken genäht. Eine Darstellung der Tristansage aus dieser Zeit ist noch genauso erhalten wie ein zeitgleicher Wandbehang mit der Darstellung des Stammbaums Jesu, aus der Kirche von Nordsteimke bei Wolfsburg (Abb. 40). Blaues Tuch bildet seinen Grund, der Randstreifen ist rot gefaßt. Das Gold der applizierten Lederstreifen und die eingestickten Gesichter sind inzwischen verblaßt.

›Hessische Kopflegen‹, ›Schwälmer Kitzel‹ oder ›schwäbische Bäuschtle‹ werden in der Kombination von Aufnäharbeit und mosaikartig zusammengesetzter Stoff-

39 Flickenkissen aus den Vierlanden, 18.-19. Jh., 50x50. Museum für Kunst und Gewerbe, Hamburg

40 Behang „Wurzel Jesse"
aus Niedersachsen,
Ende 14. Jh., 289x221.
Herzog Anton Ulrich-
Museum, Braun-
schweig

stücke hergestellt (Abb. 41). Diese Flicken-Stoffringe legten sich die Bauersfrauen
auf den Kopf, um sich das Tragen von Lasten, wie Wassereimern und Körben, zu
erleichtern. Die obere und untere Platte dieser Kissen sind aus verschiedenfarbi-
gen, keilförmigen Tuchstücken zusammengenäht und mit ausgeschnittenen Stoff-
motiven besetzt.

Aus dem 18. Jahrhundert sind einige großartige Flickendecken erhalten, die eventuell für eine umfassendere Tradition in der Region, in der sie entstanden, sprechen könnten.

Aus dem katholischen Pfarrhaus in Geldern am Niederrhein ist ein wertvoller Wandbehang erhalten, der vermutlich als Fastenvelum einer kleinen Klosterkirche gedient hat (Abb. 42). Diese aus kleinen und kleinsten Stoffstückchen zusammengesetzte Lappenarbeit stellt in eindrucksvollen Farben die Leidensgeschichte Christi dar. Auch die feinsten schmalen Streifen, Buchstaben und Blütenranken sind mit ihren Kanten von hinten in mühevoller Handarbeit aneinandergenäht, ohne daß ein gemeinsamer Grund den Stoffstückchen einen Halt gibt. Der Anlaß dieser Arbeit wird folgendermaßen beschrieben: »Jacobus Demans und seine Ehefrau Johanna Magda Ressels sind laut Eintragung im Kirchenbuch der St. Magdalenen Pfarre von Geldern dortselbst am 7. Juni 1735 getraut worden. Am 6. Juli des gleichen Jahres schlug in Geldern der Blitz in den großen Turm am Harttor, in welchem sich das Pulvermagazin befand. Bei der dadurch ausgelösten Explosion wurden große Teile der Stadt zerstört und sämtliche Kirchen und Klöster beschädigt. So darf wohl angenommen werden, daß die Stifter Jacob Demans und Johanna Ressels, deren Namen auf dem Behang zu lesen sind, einem der Klöster die Stoffreste schenkten, vielleicht mit dem Hinweis, einen dekorativen Schmuck für das Refektorium oder zur Verschönerung der Kirche daraus zu fertigen.« Man muß annehmen, daß dieser Behang eine religiös-dogmatisch gebundene Gemeinschaftsarbeit ist, die vermutlich von den Nonnen im Marmelitessen-Kloster Elzendaal bei Box-

60

meer geschaffen wurde. Als Materialien lassen sich filzartige Wolltuche, einfaches Leinengewebe sowie schwarzes und gemustertes Leinen, blau-weiß gemustertes Beiderwandgewebe, gemusterter Samt und weißes Leder ausmachen. Die Rückseite ist mit einem hell- und dunkelbraun bedruckten Kattun verdeckt.

Aus dem Gebiet des Niederrhein sind sonst nur kleinere, gerahmte Lappenbilder bekannt.[64]

Ein besonders schönes Beispiel einer Lappenarbeit aus dem südostdeutschen Raum besaß das Museum Görlitz. Diese in das Jahr 1789 datierte Decke, mit Szenen von der Schöpfungsgeschichte bis zur Kreuzigung Christi, wurde leider im Zweiten Weltkrieg zerstört. Eine in der gleichen Tradition stehende Flickendecke ist heute noch im Städtischen Museum Bautzen erhalten (Abb. 43). Sie ist aus Uniformtuchresten genäht und zeigt Schachbrett- und Sternenmuster, Soldaten, Türken, Bergleute, Jäger und andere Motive. Die Jahreszahlen 1776 und 1779 stehen vielleicht für den Beginn und die Beendigung der Arbeit, könnten aber auch, im

42 *Hungertuch aus Geldern, Mitte 18. Jh., 210x165. Niederrheinisches Museum für Volkskunde und Kulturgeschichte, Kevelaer*

61

43 Flickendecke aus
   Südostdeutschland,
   1776-1779.
   Städtisches Museum,
   Bautzen

   Abb. S. 63
44 Bettdecke aus Böhmen,
   Ende 18. Jh.
   Victoria & Albert
   Museum, London

Hinblick auf die Thematik der Motive, einen politischen Zusammenhang vermuten lassen. In diese Zeit fiel der bayrische Erbfolgekrieg mit dem Einmarsch preußischer Truppen in Böhmen, an dessen Ende der Friede von Teschen 1779 stand.

Im Victoria & Albert Museum, London, gibt es noch eine weitere böhmische Bettdecke aus dem Jahr 1796, die ebenfalls die Zusammenstellung von Patchwork und Applikation zeigt (Abb. 44). Hier wurden für den Grund rechteckige Tuchstücke zusammengenäht und auf die sich ergebenden Felder Szenen und Figuren appliziert und gestickt. Im Zentrum steht ein doppelköpfiger Adler, umgeben von

62

kleinen Szenen und Schilderhäuschen. Zu seinen Füßen haben Soldaten Aufstellung genommen. Der Bezug zur aktuellen Politik und den Türkenkriegen erscheint eindeutig.

Diese beschriebenen Lappenarbeiten zeigen eine fast naive Erzählfreude, wenn es um bestimmte thematische Darstellungen geht. Die rein dekorativen Motive werden im Hinblick auf die Applikationsquilts deutschstämmiger Siedler, zum Beispiel der Pennsylvania Dutch, die über die Niederlande aus Böhmen in die USA auswanderten, besonders interessant.

63

Patchwork und Quilt im England des 18. Jahrhunderts

Die älteste noch erhaltene Patchworkarbeit aus England wurde 1708 vermutlich von der zweiten Ehefrau des Colonel Sir James Grahme, ihren Stieftöchtern und anderen Frauen in Levens Hall, Westmorland, angefertigt. Sie besteht aus einem Patchworkquilt und Bettvorhängen, die aus farbig bedrucktem indischem Kaliko genäht wurden.[65]

Im Jahr 1700 wurde der Import indischer, persischer und chinesischer Kalikos per Gesetz verboten. Die Regierung hatte sich unter dem Druck der einheimischen Weber, die die Konkurrenz der preiswerten, buntbedruckten Baumwollstoffe fürchteten, zu diesem Schritt entschließen müssen. In der Folge fand man zwar Mittel und Wege die Bestimmungen teilweise zu umgehen, doch die Preise für die beliebten Stoffe stiegen empfindlich. Findige Importeure kennzeichneten die Kalikos und Chintze für die Wiederausfuhr, was legal war, und luden diese an ruhigeren Stellen der englischen Küste wieder aus. Der Quilt von Levens Hall aus dem 18. Jahrhundert zeigt sehr anschaulich, wie man sich darum bemühte, aus wenig teurem Stoff einen nützlichen und dekorativen Gebrauchsgegenstand zu schaffen (Abb. 47). Die buntgemusterten Achtecke, Rauten und Kreuze wurden in einen weißen Grund genäht. Einige Stücke sind aus kleineren Teilen zusammengesetzt, ein typisches Zeichen dafür, wie ökonomisch mit dem kostbaren Material umgegangen wurde. Es scheinen Reste verarbeitet worden zu sein, denn sonst hätte die Möglichkeit bestanden, bunte Motive auszuschneiden und auf den weißen Grund zu applizieren. Das hätte zumindest ›modischer‹ gewirkt. Diese Technik wurde später als ›Broderie perse‹ sehr häufig zur Gestaltung von Quilts benutzt. Von einem mit rotem Faden gequilteten Diamantmuster überzogen, erweckt diese Patchworkarbeit den Eindruck, von sehr versierten Näherinnen angefertigt worden zu sein.

Die Vermutung, daß es ursprünglich noch mehr Patchwork aus dieser Zeit gab, liegt nahe. Ein Hinweis darauf mag ein Zitat aus Jonathan Swifts 1726 publiziertem Buch »Gullivers Reisen« sein. Gulliver beschreibt dort die Anfertigung seiner Kleider, ausgemessen und genäht von dreihundert liliputanischen Schneidern: »Es sah aus wie das von den Damen in England genähte Patchwork, nur das meines aus einer Farbe war«.[65]

Obwohl offenbar keine weiteren Zeugnisse aus der Zeit vor 1750 erhalten sind, kann man annehmen, daß ähnliche Decken wie die in Levens Hall gearbeitet worden sind. Auch Patchwork aus Woll-, Leinen-, Baumwoll- und Seidenstoffen muß vermutet werden, zumal sich die gesetzlichen Bestimmungen im Hinblick auf Druckstoffe noch verschärfen sollten.

Im Jahre 1712 wurden hohe Verbrauchssteuern auch auf Druckstoffe der inlän-
dischen Produktion erhoben, und 1720 wurde sogar die Produktion sämtlicher
bedruckter Baumwollstoffe mit Ausnahme von Barchent[66] verboten. Letztendlich
verhinderte zwar keine dieser Maßnahmen, daß Stoffe bedruckt wurden, doch die
Entwicklung des Stoffdruckes wurde dadurch weit zurückgeworfen. Erst 1774
wurden die Verbote aufgehoben, weil die Regierung erkannt hatte, daß sie ihr Ziel,
die Nachfrage nach bedruckten Stoffen zu drosseln, verfehlt hatte. An ihre Stelle
setzte man wieder hohe Verbrauchssteuern, die bis 1831 beibehalten wurden.[67]

Vor diesem Hintergrund scheint es einleuchtend, warum nur so wenige Patchworks aus der ersten Jahrhunderthälfte erhalten sind. So strapazierfähig wie Kaliko

65

46 *Bisher als Baumwollquilt von Elizabeth Griffith, 1770, heute als Arbeit des 19. Jhs. bezeichnet. Der Quilt veranschaulicht die Vielfalt der Muster und ihrer Kombinations-möglichkeiten. Victoria & Albert Museum, London*

war kaum ein anderer Stoff. Man muß sich vorstellen, daß vor allem Patchwork von ärmeren Leuten aus getragener Kleidung oder Resten genäht wurde. Als einfache Decken wurden sie durch starke Beanspruchung zerschlissen, so daß uns heute mehr Vermutungen als konkrete Beispiele geblieben sind. Statt dessen sind einige Quilts erhalten, die mit wunderschönen Seidenstickereien verziert sind. Bunte Garne sind offenbar leichter erhältlich gewesen als die begehrten Stoffdrucke, und es mag einfacher gewesen sein, Stickerei als farbliches Gestaltungsmittel einzusetzen. Erst in der zweiten Hälfte des 18. Jahrhunderts werden die Stickereien zunehmend durch Patchwork und Applikation abgelöst. So sind Patchworkdecken vor allem aus den letzten zwanzig Jahren des Jahrhunderts erhalten. Sie wurden überwiegend aus farbigen Baumwolldrucken, Kleider- und Dekorationsstoffen genäht. In Gruppen und Streifen angeordnete Mosaikmuster verschiedener Formen und Farben kombinierte man mit Stickerei und Applikationen. Die meisten Decken

47 Detail eines Patchwork-Bettvorhangs aus Levens Hall, 1708.
    Levens Hall, Kendal

48 *Durham Quilt,*
England, um 1920,
230x200.
Privatbesitz Barbara
und Paul Clemens,
Köln

zeigen jedoch ein zentrales Motiv, das von mehreren Musterrändern eingefaßt wird: den sogenannten ›Medaillon-Stil‹. Die Gestaltung der Mitte wurde dabei besonders sorgfältig behandelt, während die Ränder sich oft aus Variationen verschiedener geometrischer Patchworkmuster bildeten.

Eine in das Jahr 1797 datierte Patchworkdecke zeigt eine Fülle damals bekannter Patchworkmuster, auch wenn diese teilweise nicht in anderen Arbeiten der gleichen Zeit nachzuweisen sind oder erst fünfzig Jahre später in anderen Decken wieder erscheinen (Abb. 45). In über zweihundert quadratischen, rechteckigen und dreieckigen Feldern werden über sechzig unterschiedliche Muster präsentiert.[68]

68

49 *Durham Quilt,
England, um 1920,
230x200.
Privatbesitz Barbara
und Paul Clemens,
Köln*

Neben den häufig ungequilteten Patchworkdecken gab es eine sehr ausgeprägte Tradition einfarbiger, reiner Quilts (Abb. 46). Im Westen Englands steppte man diese vor allem in geometrischen, aus geraden Stichlinien gebildeten Mustern. In den amerikanischen Quilts wurden solche »all over«-Muster später als ideale, unaufdringliche Ergänzung farbenfroher Patchworkarbeiten besonders geschätzt. An der englischen Nordküste wurden die Quiltmuster meistens aus Formen der Natur entwickelt und abstrahiert, während im Süden die Anregungen aus der Umwelt möglichst naturgetreu umgesetzt wurden. In den frühen Quilts ist der Grund gleichmäßig mit Mustern bedeckt. Später entwickelte man Themen, für deren Gestaltung das Prinzip des gerahmten Medaillons eine genauso große Rolle spielte wie für die Gestaltung von Patchwork- und Applikationsdecken. Zwischen den Rand und das Zentralmuster wurden Füllmuster gesteppt. War das Zentrum rund, so füllte man den Zwischenraum mit geraden, Quadraten und Rauten bildenden Mustern. War das Motiv rechteckig oder quadratisch, so wurde es mit Muschel- oder Weinglasmustern umgeben (Abb. 48, 49).[69]

Die Gründung der englischen Kolonien in Nordamerika

Die rührenden Geschichten über das harte Leben der ersten Siedler auf dem neuen Kontinent, die in den meisten Büchern über Patchworkquilts erzählt werden, sollen an dieser Stelle durch einem kurzen Einblick in die historischen Umstände der ersten Besiedlung der Ostküste Nordamerikas ersetzt werden.

Das 16. Jahrhundert war für England ein Zeitalter großer sozialer Umschichtung. Die Macht der feudalen Kreise war gebrochen, Bauern verloren ihre Abhängigkeit – und oft auch ihr Land. In den Städten, allen voran London, entwickelte sich ein reiches Bürgertum, das auch bei der Staatsführung ein gewichtiges Wort mitzureden hatte. Der entstehende Wohlstand, gerade auch der bürgerlichen Mittelschichten, war in ganz Europa bekannt, und die militärischen Triumphe Englands über Spanien, die Niederlande und Frankreich taten ein übriges, um der Welt Respekt einzuflößen. Die Bevölkerungsschichten, die eine Besiedlung des neuen Kontinents vorantrieben, waren kapitalkräftige, auch in Verwaltungsfragen erfahrene Kaufleute und Grundbesitzer sowie Handwerker und von ihren Ländereien vertriebene Bauern. Sie alle waren auf der Suche nach neuen Existenzmöglichkeiten. Neben den wirtschaftlichen Gründen spielte auch der politische Ehrgeiz, vor allem gegen das ständig bekämpfte Spanien eine neue, festere Position zu beziehen, eine große Rolle bei der Besiedlung Nordamerikas.

Die Expedition der London Company nach Virginia, benannt nach der ›jungfräulichen‹ Königin Elisabeth, führte Kapitän Smith. In seiner »History of Virginia«[70] 1624 beschrieb er, daß vor allem Tischler, Bauern, Gärtner, Fischer, Schmiede und Maurer in der Neuen Welt gebraucht würden, da man nicht mehr als das erwarten könne, was man sich durch seine eigene Arbeit erwirbt. Nach jahrelangen Entbehrungen fand man schließlich im Tabakanbau eine sichere Lebensgrundlage. Daraufhin entwickelte sich im südlichen Teil der nordamerikanischen Ostküste eine Wirtschafts- und Gesellschaftsform, die durch Großgrundbesitz und Plantagenbetrieb geprägt war. Später kam der Anbau von Zuckerrohr, Indigo und Baumwolle hinzu und wurde mit Hilfe von Sklaven in Virginia und weiteren Südkolonien betrieben.

Mit der berühmten »Mayflower« landeten 1620 die »Pilgrim Fathers«, deren ursprüngliches Ziel auch Virginia gewesen war, in Neu-England, dem heutigen Massachusetts. Diese Puritaner richteten sich als Handwerker und Bauern dort ein. Ihnen folgten viele Angehörige der vermögenden englischen Mittelklasse, die vor den politischen und religiösen Auseinandersetzungen der Stuart-Könige (1603 bis 1688) geflohen waren. Das Leben in Neu-England war auf Grund der klimatischen und geologischen Bedingungen sehr viel mühsamer als in Virginia. Es bildeten sich Dorf- und Stadtgemeinden, da man auf gegenseitige Unterstützung angewiesen war, und das Land wurde von freien Einzelfarmern bewirtschaftet.

Die Kolonien dehnten sich bald nach Süden und Westen aus. Die Gründungen des katholischen Lord Baltimore, Maryland 1634, des Quäkers William Penn, Pennsylvania 1682, und die erfolgreiche Einnahme der holländischen Siedlung Neu-Amsterdam am Hudson 1664 erstreckten sich bald an der ganzen Ostküste entlang. Sie unterstanden weiterhin der englischen Krone und waren wirtschaftlich wie kulturell stark an das Mutterland gebunden.

Aus Amerika wurden vor allem Rohstoffe wie Bauholz für den Schiffsbau, Getreide, Felle, Tabak und vieles andere nach Osten in die Alte Welt exportiert. Dagegen war man in den Kolonien auf die Importe von Konsumgütern wie Textilien, Möbel, Werkzeuge, Papier, Geschirr und anderes mehr angewiesen. Textilien aller Art hatten den größten Importanteil. Im 17. und 18. Jahrhundert wetteiferten Frankreich, England, Spanien, Portugal und Holland um die besten Handelsrouten der Welt – den Handel mit Nordamerika hatte England jedoch zum größten Teil durch Kontrollen der Häfen und Importsteuern monopolisiert. Darüber hinaus kauften englische Händler beispielsweise große Mengen Wein, Baumwoll- und Seidentextilien aus Frankreich, verschifften diese in die Kolonien und verdienten als Zwischenhändler erheblich daran. Mit seiner strikten Gesetzgebung sicherte sich England also den wesentlichen Anteil dieses Marktes und konnte damit die Abhängigkeit der Kolonien in jeder Hinsicht erhalten.

Im Laufe der Zeit strebten die Interessen jedoch zusehends auseinander, zumal den Siedlern auch keinerlei Mitspracherecht im Parlament zugestanden wurde, obwohl sie dessen Entscheidungen mittragen sollten. Durch hohe Steuern legte man ihnen die Finanzierung der von England geführten Kolonialkriege (beispielsweise 1760 gegen die französischen Kolonien Kanada und Louisiana) auf, was als Ungerechtigkeit empfunden wurde. Politisch auch von Frankreich unterstützt, lösten sich schließlich dreizehn Kolonien unter der Führung von George Washington im Unabhängigkeitskrieg von 1775 bis 1783 vom englischen Mutterland ab und gründeten 1787 die Vereinigten Staaten.[71]

Die englische Patchworkmode um 1800

In den letzten Jahren des 18. Jahrhunderts waren kleingemusterte Kleiderstoffdrucke mit Blümchen, Blättern, Punkten und Geometrien in Weiß und frischen Farben auf dunklem Grund besonders beliebt. Sie prägten das Aussehen vieler Patchworkdecken bis in das 19. Jahrhundert hinein. Daneben waren von den indischen Stoffdrucken inspirierte Chintze mit großformatigen Blumen, Vögeln, Landschaften und Szenen populär. Sie hatten meist weiße oder naturfarbene, seit der Jahrhundertwende auch rote, rotbraune und kanariengelbe Hintergründe. Monochrome, feingezeichnete Kupferplattendrucke wurden noch recht lange hergestellt, während die graugelben Farben, die die Blockdrucke des letzten Jahrhundertviertels beherrscht hatten, bis circa 1810 aus der Palette der Produzenten verschwanden – und mit einiger Verzögerung auch aus den Flickenkörben der Patchworkerinnen.[72]

Die Engländerinnen nähten Patchwork beziehungsweise Applikationen als Tagesdecken und Bettüberwürfe für die damals üblichen Pfostenbetten. Diese als Coverlet bezeichneten Decken blieben ungequiltet und waren recht häufig auch in ihrer Form dem Bett angepaßt. Das Zentralmotiv nahm fast die ganze Fläche des Bettes ein und wirkte ›hochgerutscht‹, da nur drei Seiten der Decke mit einem Rand eingefaßt wurden. Manchmal blieben auch die Ecken ausgespart, damit der Stoff trotz der Baldachin tragenden Pfosten gerade fallen konnte. Die »Mode« der ungequilteten Coverlets währte bis um das Jahr 1830 und hing nicht zuletzt mit den stark gemusterten Stoffen zusammen, die verarbeitet wurden. Nach 1830 erfreuten sich einfarbige und ungemusterte Stoffe zunehmender Beliebtheit, und mit ihnen wurde auch das Quilting wieder populärer.

Es gab drei Sorten von Coverlets, die, in verschiedenen Techniken genäht, auch ein unterschiedliches Aussehen hatten.

Reiner Applikationsschmuck bestand aus einem Mittelmotiv, das von Schleifen, Bändern oder Girlanden umgeben war. Diese schnitt man aus bunten Druckstoffen aus. Auch Sterne, auf der Spitze stehende Quadrate (Diamanten), Zickzackstreifen und viele Blüten- und Blattformen wurden appliziert. Zu Beginn des Jahrhunderts hatten sich die Stoffmanufakturen sogar soweit auf die Bedürfnisse der Patchworkerinnen eingestellt, daß sie spezielle Medaillons und Bordüren auf Chintze druckten. Diese farbenfrohen Sträuße, Körbe mit Blüten und Früchten, Girlanden und Kränze brauchten nur noch ausgeschnitten und aufgenäht zu werden. Viele Decken dieser Zeit ähneln sich naturgemäß auf Grund der gleichen Motive und strahlen wenig Individualität aus (Abb. 50).

Die Kombination von Applikations- und Patchworktechnik kommt in den Coverlets der Jahrhundertwende besonders häufig vor. Meistens wurden appli-

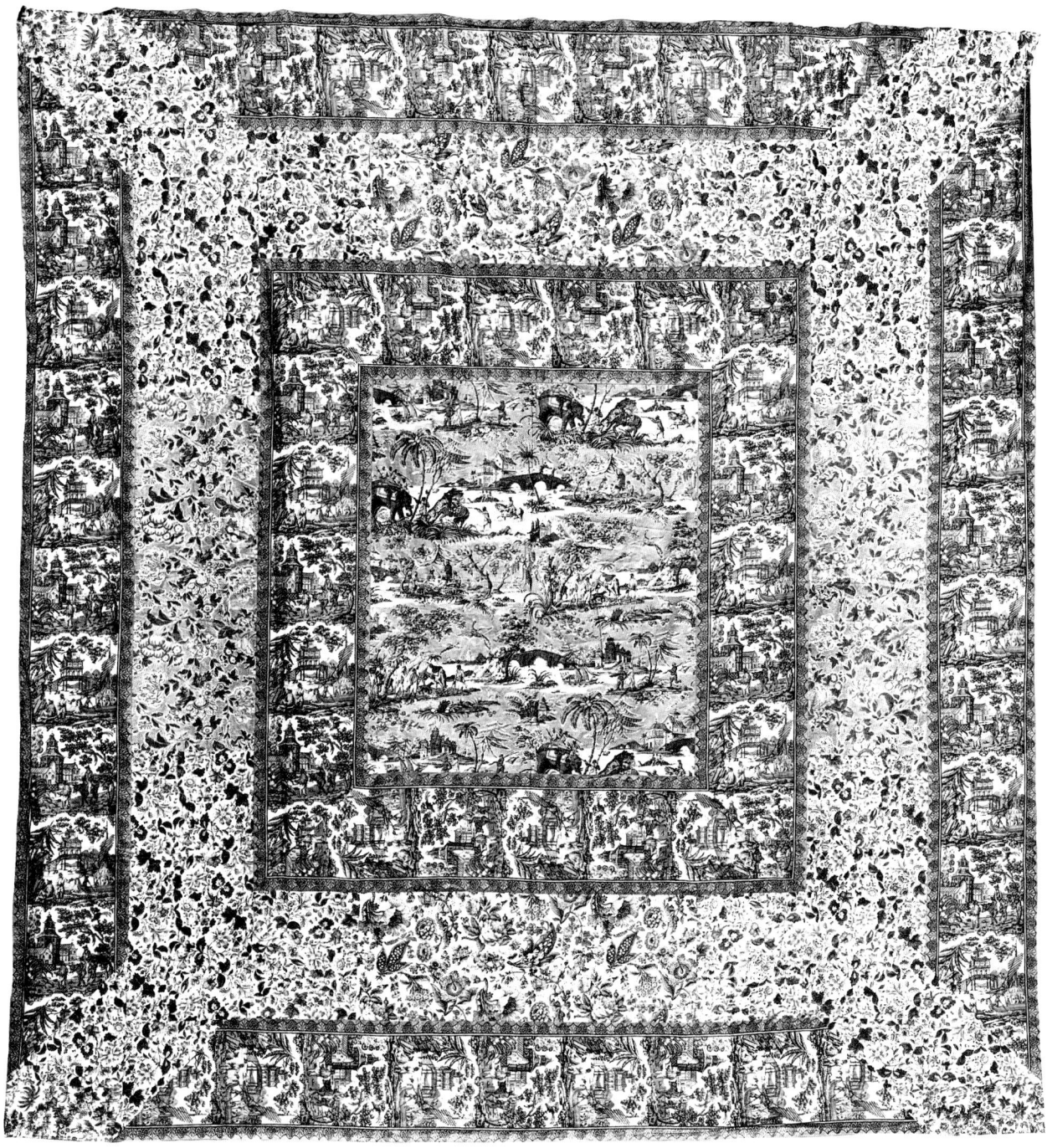

50 Decke aus Baumwolldrucken, England, 1805-1820, 279x272. Victoria & Albert Museum, London

zierte Zentralmotive mit Patchworkrahmen eingefaßt. »Hundezähne«, in einer
Reihe angeordnete spitze Dreiecke, oder »Sägezähne«, aus gleichschenkeligen
Dreiecken gebildet, waren sehr beliebt. Doch auch alle anderen nur denkbaren
Kombinationen geometrischer Motive zu Zickzack- oder räumlich wirkenden
Mustern wurden ausprobiert. Durch Musterwechsel, Reihungen, Hell-Dunkel-
Effekte und Farbkontraste sowie durch eingestreute Applikationsmotive wurden
die im Prinzip immer gleichen Grundelemente variiert. Die besondere Könner-

74

schaft bewies sich bei solchen Mustern in den Ecken, und es lohnt sich, einmal auf die Vielfalt der dafür gefundenen Lösungen zu achten.

Schließlich wurden natürlich noch die reinen Patchworkdecken genäht, und auch hier überwiegen die Arbeiten im Medaillonstil. Für sie gilt dasselbe, was oben für die Gestaltung der Ränder beschrieben wurde, denn sie wurden auch aus geometrischen Grundelementen zusammengefügt. Aus der Gestaltung der Ränder entwickelten sich die Streifendecken. Sie wurden aus Stoffstreifen und Patchworkbändern gearbeitet und bildeten kein Zentralmotiv, sondern das, was die englische Sprache als »all over pattern« bezeichnet. Die gesamte Oberfläche wurde mit einem Muster überzogen, das einzelne Bereiche nicht besonders betonte. In diesem Fall beherrschten noch die Streifen das Muster, doch es gibt viele Beispiele, wo einzelne, nicht immer gleiche Elemente aneinandergesetzt werden und nur durch eine Form und die Farben das Erscheinungsbild der Decke gestaltet wird. Im einfachsten Fall geschieht dies mit einem Quadrat oder Rechteck.

Ein von vielen als »typisch englisch« empfundenes Muster, das sich durch die gesamte Patchworkgeschichte zieht, ist das als »Bienenwabe« bezeichnete Hexagon. Es ist sehr einfach zu arbeiten, zumal die einzelnen Rosetten nahezu unbegrenzte Mustervariationen zulassen. Hexagon-Arbeiten sind schon aus dem späten 18. Jahrhundert nachgewiesen. Genauso wie das Sechseck wird auch die Raute oder der Diamant als Grundform für viele Stern- und Schachtelmuster über Papierschablonen genäht. Diese geben dem Patchwork solange Festigkeit, bis alle Teile zusammengenäht sind. Sie halten außerdem die geometrischen Winkel und Ecken korrekt in Form. Sämtliche »all over«-Muster eigneten sich hervorragend zum Arbeiten in der Gemeinschaft und sie kommen besonders dort vor, wo man Patchwork aus einer gewissen Notwendigkeit heraus nähte (Abb. 51).

Die Unterschiede zwischen Arbeiten aus bürgerlichen, wohlhabenden Häusern und solchen aus ländlichen Haushalten lassen sich nicht nur am verwendeten Material feststellen. Die Muster der ländlichen Quilts und Coverlets wirken bodenständiger und traditioneller, auf jeden Fall weniger von launischen Moden beeinflußt als die Decken der bürgerlichen Hausfrauen und wohlhabenden Kreise. Man kann davon ausgehen, daß zu keiner Zeit, vorher oder nachher, Patchwork und Applikation so populär in England war wie um die Jahrhundertwende vom 18. zum 19. Jahrhundert bis etwa 1840.[73]

Quilting war dagegen zu allen Zeiten, vor allem in ländlichen Gebieten, eine Beschäftigung, die weniger von zeitlich begrenzter Popularität als von echter Notwendigkeit beeinflußt war. In Heimarbeit stellte die ländliche Bevölkerung über den eigenen Bedarf hinaus auch Quilts für die großen Landhäuser der Aristokratie und der wohlhabenden Bürger her. Nach der täglichen Arbeit versammelten sich abends die Mutter, Töchter und Mägde um den Quiltrahmen und steppten gemeinsam. Selbst die Jüngsten wurden miteinbezogen, indem sie von den Älteren lernten. Die Sitte, daß ein Mädchen zwölf Quilts in seiner Mitgift haben müsse, war auch in England verbreitet. Der erste Quilt war noch recht einfach, doch die Kompliziertheit der folgenden wuchs mit der Fingerfertigkeit und dem Alter des Mädchens. Der dreizehnte Quilt galt als Hochzeitsquilt und wurde erst gesteppt wenn das Mädchen heiratete. Er war der schönste und am sorgfältigsten genähte Quilt von allen. In das Zentralmotiv wurden oft Herzen eingearbeitet und die Rahmenmuster wurden genau geplant, um Brüche zu vermeiden. Man glaubte damals, daß eine Unterbrechung des Randes an den Ecken ein Zeichen für Unglück und für ein vorzeitiges Ende der Ehe sei. Ein alter Reim aus Devonshire geht sehr drastisch auf den Brauch des Aussteuerquilts ein:

> At your quilting maids, don't dally
> Quilt quick if you would marry,
> A maid who is quiltless at twenty-one,
> Never shall greet her bridal sun![74]

Die Auswanderer nahmen diesen Brauch auch mit in die Neue Welt.

Textilherstellung in der Kolonialzeit

Die englischen Einwanderer hatten zwar die räumliche, nicht aber die kulturelle Trennung zu ihrem Mutterland vollzogen, als sie nach Nordamerika auswanderten. Durch strenge Bestimmungen, wie den »Navigation Act«[75], der jeglichen Handel, ausgenommen mit England, untersagte, versuchte die englische Regierung eigenmächtige Bestrebungen der Kolonisten im Keim zu ersticken. Zusätzlich zu den von den Siedlern mitgebrachten Quilts wurden über einen langen Zeitraum hinweg auch neue Quilts in großer Auswahl importiert. Daraus läßt sich auf eine große Nachfrage schließen. Angebote über Textilien aller Art, und besonders »Bed Quilts«, wurden in den Tageszeitungen, beispielsweise dem »Boston Newsletter«, veröffentlicht.

W. Eddis, ein Engländer, der die Kolonien Ende des 18. Jahrhunderts bereiste, stellte fest, daß er wenig Unterschiede zwischen einem reichen Kolonisten und einem reichen Briten entdecken könne.[76] Diese Beobachtung macht deutlich, daß die Importtextilien sicher in erster Linie für wohlhabendere Kreise erschwinglich waren, während viele Auswanderer, die gerade im Aufbau ihrer Existenz begriffen waren, sie sich gar nicht leisten konnten. Sie nähten ihre Quilts selbst, und so kann man in den Zeitungen ebenfalls Inserate finden, die Stoffe und Wattierung anboten. Sogar Kurse zum Erlernen der Technik wurden dort angekündigt.[76] Die meisten Siedler waren jedoch darauf angewiesen, sich selbst um Rohmaterial und Stoffe zu kümmern, vor allem dann wenn sie weiter nach Westen zogen um sich, entfernt von größeren Hafenstädten wie zum Beispiel Boston, anzusiedeln. Neben dem finanziellen Problem spielte also auch die Verteilung der Märkte eine wichtige Rolle für die Wahl der Materialien, die in einem Quilt verarbeitet wurden.

Die ersten Siedler fanden keine Textilfasern in Amerika vor, die sie hätten verarbeiten können, und die Importe konnten nicht die einzige Alternative bleiben. Es wurden Prämien ausgesetzt, um die Zahl der aus Europa eingeführten Schafe zu steigern, und Mutterschafe durften nicht exportiert werden. Es ging soweit, daß sich die Einwohner von Philadelphia verpflichteten, kein Lammfleisch mehr zu essen. Trotzdem mußte noch lange Wolle eingeführt werden, denn noch 1774 wird von erheblichen Wollimporten nach Pennsylvania berichtet.

Ein Erlaß der Gerichtshofes von Massachusetts und Connecticut bestimmte um das Jahr 1640, daß jede Familie eine bestimmte Menge Flachs anzubauen habe. Darüber hinaus sollte sich mindestens ein Familienmitglied mit dem Spinnen beschäftigen, was meistens von den Kindern besorgt wurde. Pro Woche galt es drei Pfund Wolle, Flachs oder Baumwolle zu verspinnen, denn für jedes fehlende Pfund wurden 12 Pence Strafe verlangt.

Das geschah alles, obwohl die englische Regierung es verboten hatte, ein Spinnrad zu besitzen und das Zuwiderhandeln mit dem Abschlagen der rechten Hand bestrafen wollte. Textilarbeitern war es verboten in die Kolonien auszuwandern.[77]

Dieser strengen Gesetzgebung, deren Ziel es war, die größtmögliche Abhängigkeit zu bewahren und den amerikanischen Markt für die eigenen Produkte zu sichern, widersetzten sich die Siedler durch aktiven Zusammenhalt. So konnte trotz der merkantilistischen Politik des Mutterlandes wenigstens eine bescheidene gewerbliche Textilproduktion entstehen. Viele Textilien wurden in Heimarbeit, im Sinne von Nachbarschaftshilfe, hergestellt.

Die englischen Importe umfaßten Woll-, Leinen- und Seidenstoffe. Alles, was an rein baumwollenen Geweben aus der Zeit vor dem 18. Jahrhundert erhalten ist, wurde aus Rohmaterialien oder Garnen hergestellt, die aus Ostindien über England eingeführt werden mußten. Seit dem Beginn des 19. Jahrhunderts wurden in England alle Techniken, die notwendig waren, um Baumwollprodukte industriell herzustellen, auch in großem Stil angewandt. In unserem Zusammenhang sind die Herstellungstechniken von Druckstoffen besonders wichtig.

Seit 1617 hatte man die orientalischen Ätzfärbetechniken durchschaut und für die Produktion von Block- und Kupferplattendrucken auf Stoff übernommen. Auch die Erfindung der ersten Walzendruckmaschine durch den Schotten Thomas Bell im Jahr 1783, bei der mit einer gravierten Kupferwalze die Farbe auf den Stoff übertragen wird, förderte die Weiterentwicklung auf diesem Gebiet.[78] Sie ermöglichte der englischen Textilindustrie die Herstellung hochwertiger und preiswerter Baumwolldrucke, die natürlich auch auf den amerikanischen Markt kamen. Schließlich wurden die Stoffe auch aus amerikanischer Rohbaumwolle hergestellt und dann wieder in die Kolonien exportiert. Der Schatzmeister George Washingtons, Alexander Hamilton, hatte 1792 einen umfangreichen Bericht über die Lage der verschiedenen Gewerbe in den Kolonien formuliert. Darin stellte er unter anderem fest, daß die Baumwollindustrie für die Vereinigten Staaten besondere Perspektiven anbiete, da die neuen, in England erfundenen Maschinen nur wenig geschulte Arbeitskräfte erforderten. Durch die Initiative eines engen Mitarbeiters von Hamilton, Tench Cox, wurden die Südstaaten dazu veranlaßt, den bis dahin wenig gepflegten Anbau von Baumwolle in größerem Umfang zu betreiben. Diese wurde vorrangig nach England exportiert, denn die technischen Möglichkeiten in den Kolonien waren vorerst durch das englische Gesetz behindert, das die Ausfuhr von Maschinen für die Baumwoll-, Woll-, Leinen- und Seidenfabrikation untersagte. In technischen Dingen unerfahren, blieben den Amerikanern nur illegale

Wege zum Erwerb der notwendigen Kenntnisse.[79] Bis sie diese zum Erfolg geführt hatten, verarbeiteten sie englische Stoffe als Kleider- und Dekorationstextilien. Die Stoffe einheimischer Produktion dienten vor allem zur Herstellung von Hauswäsche. Es wurden einfache Leinen- und Wollstoffe gewebt oder aber ein Stoff, der sich »Linsey-Woolsey« nennt. Dies ist ein recht grobes Gewebe aus Leinen- oder Baumwollkette und Wollschuß, das ursprünglich in dem englischen Dorf Suffolk entwickelt wurde.[80]

Der Aufbau der nordamerikanischen Textilindustrie

Solange die Siedler sich in ständiger Abhängigkeit von ihrem Mutterland befanden, hatten sie nicht viele Möglichkeiten, ihre Selbständigkeit zu beweisen. In den Patchworkquilts der Kolonialzeit drückt sich diese materielle und kulturelle Abhängigkeit eindeutig aus, wie der Vergleich der Patchwork- und Applikationstraditionen zeigt.

Die Auswanderer aus anderen Ländern, die Franzosen in Kanada, die Holländer in New York, die Schweden und Deutschen in Pennsylvania, brachten eigene ästhetische Vorstellungen mit. Diese durchsetzten die von den Engländern eingeführten Patchwork- und Applikationstechniken jedoch nur zögernd und auch nur in bestimmten Regionen. Die Unabhängigkeit von England und die Entwicklung der amerikanischen Textilindustrie schafften neue Voraussetzungen, auch für die Entstehung der Patchworkquilts.

Seit dem letzten Jahrzehnt des 18. Jahrhunderts wurde der Anbau von Baumwolle in den Südstaaten extensiv betrieben. Nach 1795 wurde in den Baumwollgebieten des Südens, mit Ausnahme der einfachsten Grundnahrungsmittel für die Sklaven, fast nur noch Baumwolle angebaut. Die bis dahin üblichen gewerblichen Produktionsstätten konnten dem nun in größeren Mengen anfallenden Rohmaterial mit ihren einfachen Geräten keine angemessene Verarbeitungstechnik entgegensetzen. Das größte Problem bestand darin, daß die Baumwolle vor jeder nur denkbaren Verarbeitung entkörnt werden mußte. Bis zu der Erfindung der »Cotton Gin«, der Baumwollentkörnungsmaschine durch Eli Whitney im Jahr 1793, mußte dies von Hand geschehen. Eine Person brauchte ungefähr zwei Jahre um einen Baumwollballen zu säubern, die neue Maschine schaffte es, an einem Tag fünfzehn Ballen von dem klebrigen Samen zu befreien. Man kann sich vorstellen, daß diese Erfindung fast von einem auf den anderen Tag völlig neue Möglichkeiten schaffte und damit die Vereinigten Staaten zu einem der größten Baumwollproduzenten wurden.

Besonders kraß war auch das Mißverhältnis zwischen dem Tempo des Spinn- und Webvorgangs. Man versuchte die von Richard Arkwright 1769 entwickelte Spinnmaschine nach Amerika zu bringen. Dies gelang jedoch erst dem Textilarbeiter Samuel Slater, der sich 1789 in einer Verkleidung einschiffte und mit den Plänen der Maschine im Kopf nach Amerika auswanderte. Einem kleinen Textilbetrieb in Providence, Rhode Island, sicherte er vertraglich zu, die Maschine zu bauen. Das führte 1793 dazu, daß die erste nordamerikanische Baumwollspinnerei Almy, Brown & Slater in Pawtucket, Rhode Island, ihre Produktion mit drei Krempel- und zwei Spinnmaschinen, die von einer alten Walkmühle angetrieben wurden, aufnehmen konnte. Nur das Weben wurde weiterhin auf den Webstühlen der Nachbarschaft betrieben, während das Bleichen, Färben und Appretieren von Garnen auch in der Spinnerei erledigt werden konnte. Slater bestand jedoch darauf, westindische Baumwolle zu verarbeiten, weil diese von besserer Qualität als die amerikanische sein sollte.

Im Jahr 1794 produzierte er, angeblich auf die Anregung seiner Frau Hanna Wilkinson hin, das erste Nähgarn aus Baumwolle. Bis dahin waren Leinen-, Seiden- oder Wollnähgarne üblich, da die handgesponnene Baumwolle als Nähgarn zu schwach war. Dieses neue Baumwollgarn wurde dreifach gezwirnt, nach 1840 wurde auch sechsfach gezwirntes Garn hergestellt und zum Nähen benutzt.[81]

Samuel Slater gründete noch mehrere Spinnereien und eine Wollweberei. Diese Betriebe wurden Zentren, um die sich die Städte Webster und Manchester in New Hampshire bildeten. Er gab den Anstoß zum Aufbau der Baumwollindustrie in den Vereinigten Staaten mit Spinnereien, die 1807 erst insgesamt 8000 Spindeln, aber 1825 bereits 800 000 Spindeln hatten.

Eine weitere Verbesserung trat mit der Einführung mechanischer Webstühle ein. 1812 wurde die erste Baumwollweberei in Lowell, Massachusetts, gegründet und 1823 entstand aus ihr eine erste Kaliko-Fabrik, der bald viele weitere folgten. Aus praktischen Erwägungen heraus gliederten sich die Webereien meistens den bestehenden Spinnereien an. Bis 1825 war die nordamerikanische Baumwollindustrie, mit ihrem Zentrum in Neuengland, in allen wesentlichen Bereichen entwickelt.[82]

Im Gegensatz zu den Webereien entwickelten sich die gewerbsmäßigen Färbereibetriebe nur zögernd. Lange wurden die Stoffe fast ausschließlich zu Hause gefärbt, obwohl das recht aufwendig und kompliziert war. Die Rezepturen für die Färbemittel wurden so selbstverständlich benutzt und weitergereicht wie die Backrezepte für Kekse. Ihre Grundlagen gediehen im Wald und im Garten: Eiche und Ahorn für Violett und Purpur, Scharlachbeeren für Graublau, Rinde und Schale des Walnußbaumes für Braun, Sumachbeeren für Dunkelrot, die Rinde des Hickorybaumes oder der Roteiche für braune und gelbe Töne, Indigo für Blau, Krapp, Cochenille und Blauholz für rote und blaue Töne und viele, viele mehr.

Im Laufe des Jahrhunderts wurden jedoch auch in Nordamerika die Färbetechniken und Stoffdruckverfahren nach europäischem Vorbild weiterentwickelt und industriell genutzt.[83]

Patchwork und Quilt der Kolonialzeit nach 1750

Vor diesem Hintergrund lassen sich die nordamerikanischen Quilts der Kolonialzeit recht einfach beschreiben. Wolle, Baumwolle, Leinen, Seide und Mischgewebe wie Linsey-Woolsey standen den Quilterinnen zur Verfügung. Besonders beliebt war aber der seit der Mitte des 18. Jahrhunderts aus England und Frankreich importierte rein wollene Kammgarnstoff, ›Calamanco‹ genannt. Er wurde vor allem zur Herstellung von Bettvorhängen, Polstermöbeln und auch Kleidung verwendet. Dieser leichte Wollstoff hatte eine glänzende (gechintzte) oder moirierte Oberfläche, die man nach der Behandlung mit einer Speziallösung durch Druck oder Hitze erhielt. Auch damastähnliche Muster konnten mit Druck oder Hitze aufgebracht werden. Calamanco wurde in schöne, klare Farben eingefärbt und eignete sich ausgezeichnet, Quilts daraus zu nähen (Abb. 54). Man bezeichnete diese als Linsey-Woolsey-Quilts, auch wenn sie nur auf der Rückseite mit Linsey-Woolsey abgefüttert waren.[84] Sie wurden damals als die eleganteren Quilts angesehen. Als »Wholecloth-Quilts« blieben sie einfarbig und wurden lediglich mit einem Steppmuster, dessen Formen der Natur entlehnt waren, kunstvoll gestaltet. Ein eng gequiltetes Raster diagonaler, sich kreuzender Linien bildete den Grund, von dem sich Blumen, Ananas, Palmblätter, Trauben, Ranken und Federn reliefartig abhoben. Sehr enges Quilting war erforderlich, solange man Rohbaumwolle oder kardierte Wolle als Wattierung verarbeitete. Es war nicht nur besonders dekorativ, sondern verhinderte auch das Verrutschen und Klumpen des Füllmaterials.

Als Paradestücke unter den reinen Quilts galten die »White Work«-Quilts[85], die aus weißem Leinen oder Baumwolle besonders liebevoll angefertigt wurden. Ihre große Zeit reichte vom letzten Viertel des 18. bis in die Mitte des 19. Jahrhunderts, als ihnen die Applikationsquilts zunehmend den Rang abliefen. Von besonders ehrgeizigen Quilterinnen werden sie aber bis heute in traditioneller Form genäht.

Ebenso wie sich das Quilting immer nach den auch in England üblichen Gestaltungsprinzipien des Medaillonstils richtete, kann dies auch für das Patchwork jener

52 *Anna Tuels Hochzeits-*
quilt, Maine, 1785,
218x206.
Wadsworth Atheneum,
Hartford, Connecticut
(siehe auch
Schutzumschlag)

Zeit gesagt werden. Doch nicht nur stilistisch, sondern auch an den verwendeten Materialien läßt sich die enge Verbundenheit zu England dokumentieren. Ein Unterschied mag sein, daß wir in Amerika meistens auf Patchworkquilts stoßen, die neben ihrem dekorativen auch einen sehr praktischen Wert haben. In England galten dagegen die ungesteppten »Coverlets« als besonders fein und sind deshalb bis heute in der Überzahl erhalten, obwohl es gleichzeitig immer Patchworkquilts gegeben hat. Der Unterschied liegt sicher auch darin begründet, daß sich in England vorwiegend die Damen des Mittelstandes und des gehobenen Bürgertums mit Patchwork, Applikation und Quilting befaßten. In Amerika spricht die Notwendigkeit aus jedem Quilt, auch wenn er darüber hinaus noch so schön in Farben, Formen und Quiltmustern konzipiert ist.

Aus der Zeit vor 1750[86] ist, soweit man weiß, kein nordamerikanischer Patchworkquilt bis heute erhalten geblieben. Das älteste Beispiel[87] ist Anna Tuels Hochzeitsquilt (Abb. 52). Da er mit der Inschrift: »Anna Tuels her quilt given to her by

82

53 *Harlekin-Calamanco-Quilt aus Neu-England, 1800-1820, 223x221.*
  Historic Deerfield, Inc., Deerfield, Massachusetts

54 Glasierter Indigo-Wollquilt, genäht von Esther Wheat aus Conway, Massachusetts, Anfang 19. Jh., 236x231. Smithonian Institution, Washington D.C.

her mother in the year Au 23 1785« versehen ist, kann man ihn eindeutig datieren. Um ein zentrales Quadrat mit einem in Segmente aufgeteilten Kreis ist ein Patchworkmuster aus lauter Dreiecken angeordnet. Darum ist ein breiter, rosa Rand aus Wollstoff genäht und mit großzügigem Blattrankenmuster gequiltet. Acht applizierte Herzen kennzeichnen diesen Quilt, wie es in manchen Gegenden üblich war, als Brautquilt.

Zwei weitere Decken aus den letzten Jahren des 18. Jahrhunderts weisen die eindeutige Verwandtschaft zu englischen Arbeiten auf. Der Quilt der Mary Johnston aus dem Jahr 1793 (Abb. 55) sowie ein Martha Washington zugeschriebener Quilt zeigen in ihrem Zentrum Chintze mit Darstellungen, die im Kupferplattendruck aufgebracht wurden. Sie sind mit Rändern aus Blumenapplikationen in der als »Broderie Perse« bezeichneten Technik und mit Dreiecken im »Wild Goose

Chase«- und Windmühlen-Muster eingefaßt.[88] Generell sah die Kombination einheimischer Gewebe mit Importstoffen in den Quilts so aus, daß handgewebte Stoffe nach Möglichkeit auf die Rückseite verbannt wurden und die englischen Druckstoffe für die Applikationen und Patchworkmuster der Vorderseite bevorzugt wurden.

Neben diesen ›englisch‹ wirkenden Decken entwickelte sich jedoch schon eine etwas eigenwilligere Handhabung des Medaillonstiles (Abb. 53). Die Gestaltung der Linsey-Woolsey-Quilts in zwei oder drei großzügigen Farben führte einen Schritt weiter, indem sie zwar das Prinzip des Zentralmotivs beibehielt, aber in eine großflächigere Farb- und Formenkomposition umwandelte. Diese ist ausschlagge-

55 Patchwork- und
Applikationsquilt von
Mary Johnston,
North Carolina, 1793,
246x203.
Henry Francis du Pont,
Winterthur Museum,
Winterthur, Delaware

85

bend für den ersten dekorativen Eindruck – das Quilting sorgt für die Faszination des Auges auf den zweiten Blick. Die Einschränkung auf die einfachsten geometrischen Grundformen reduziert das Medaillonschema auf seine wesentlichen Merkmale und macht diese Quilts zu den ersten Vertretern einer sich immer typischer und eigenständiger entwickelnden nordamerikanischen Quilttradition.

Daneben gab es auch aus Quadraten zusammengesetzte Quilts, die mit verschiedenen Quiltmustern in jedem Feld geschmückt wurden. Dieser Vorgriff auf den sich später entwickelnden »Block-Stil« entspricht in seinem Aufbau den karierten Webdecken der Zeit, in denen jedes Karo mit Wollstickerei verziert wurde.[89] Die Muster geben mehr den Eindruck einer Mustersammlung als einer Reihung gleicher Motive.

Leider sind nur wenige Beispiele dieser Quilts aus der letzten Hälfte des 18. Jahrhunderts erhalten. Meistens waren sie durch langen Gebrauch und häufiges Waschen schon abgenutzt und hatten ihre besten Tage als Kleidung gesehen, bevor sie schließlich in den Quilt eingearbeitet wurden. So war dieser wie die nach Weihnachten aus den Resten des Festtagsbratens gekochte Truthahnsuppe eine letzte positive Erscheinung.[90]

Aspekte nordamerikanischer Geschichte im 19. Jahrhundert

Es scheint interessant, die Frage zu stellen, vor welchem historischen Hintergrund sich die amerikanische Volkskunst des 19. Jahrhunderts entwickelt hat. Man könnte auf den Blick hinter die Kulissen verzichten, wenn er nicht so aufschlußreich für das Verständnis dieser Objekte, vor allem der Quilts, wäre. Überall stößt man auf Anspielungen, die einerseits nur Bezug auf die kleinen Alltäglichkeiten der Menschen nehmen, andererseits auf politische und religiöse Zusammenhänge hinweisen, die uns nicht geläufig sind. Eine grobe Skizze der großen amerikanischen Themen damaliger Zeit kann wenigstens ansatzweise Erklärungen bieten und Anregungen geben, einem Sachverhalt genauer nachzugehen.

Dieser Ansatz ist nicht so abwegig, denn schon Marguerite Ickis versuchte 1949 eine historische Einteilung in fünf klar zu unterscheidende Perioden der amerikanischen Quiltherstellung. Die erste sei die »Colonial Period«, in der die Produkte nahezu genauso aussahen wie das Handwerk der Länder, aus denen die Quilter ausgewandert waren. Darauf folgte die »Revolutionary Era« mit französischen

Akzenten, aus Toile ausgeschnittenen Streublumen, die auf Hintergründe appliziert wurden. Anschließend kam die »Pioneer Period«, zu der Zeit als der Westen erobert wurde und die mit den Goldrauschtagen der 49er endete. Die »Civil War Era« ging, die 1850er und 1860er Jahre miteinbeziehend, der »Centennial Period« voraus. Seit den frühen 1880er Jahren erhielt das Quilthandwerk, entlegene Dörfer und Farmen des mittleren Westens und Berghütten der Great Smokies und Blue Ridge Mountains ausgenommen, seinen Todesstoß durch Dampfmaschinen und industriell gefertigte Nadelarbeiten.[91]

Daß es so eindeutig nicht gewesen sein kann läßt sich schnell durchschauen, denn schon die Quilts der Kolonialzeit und der Revolutionsära sind sehr viel differenzierter in ihrem Aussehen, als es dieses strenge Raster zulassen würde. Die Geschichte sollte man eher als Nährboden auffassen, auf dem die Kultur, auch die handwerkliche, in fließenden Grenzen gedeihen konnte.

Die Menschen, die die Unabhängigkeit Amerikas seit 1776 mitbegründet und aufgebaut hatten, waren sehr daran interessiert, sich diese auch zu erhalten. Optimistisch und tatkräftig gingen sie an ihre Aufgaben heran und halfen sich dort, wo die Staatsauthorität keinen Zugriff oder Einfluß hatte, selbst. Kein politisches Thema war ihnen zu gering, um es zu erörtern. Die größte Herausforderung des 19. Jahrhunderts bestand darin, den Westen des Kontinents zu besiedeln und zu organisieren. Schon vor 1800 hatte man die Appalachen überschritten und zog auf Planwagen westwärts, um sich an einem geeigneten Ort als Farmer, Händler oder Handwerker niederzulassen. Im wesentlichen ging diese Bewegung ohne Kriege als eine wirtschaftlich-gesellschaftliche Expansion vor sich, wenn man von dem Krieg gegen England (1812 bis 1814, um Kanada) und gegen Mexiko (1845 bis 1848) sowie den häufigen und blutigen Auseinandersetzungen mit den Indianern einmal absieht. Ein besonderer Antrieb für die Erschließung des Westens war auch die massiv einsetzende Einwanderungsbewegung aus England, Irland, Deutschland und Skandinavien um 1830.

Während des ersten Jahrhundertviertels waren die Demokraten, die sich vor allem auf die Farmer und auf ärmere Bevölkerungsschichten stützten, politisch federführend. Die Weite des Landes und die ständige Bewegung vieler Einwohner machte einen politischen Einfluß schwierig. Das Bewußtsein der Menschen im Aufbau begriffen zu sein, machte sie jedoch für politische Themen, wenn auch oft auf sehr eigensinnige Art, empfänglich. Als die westlichen Farmerstaaten schließlich ihre politischen Ansprüche erhoben, führte das 1828 zur Aufspaltung in zwei Parteien, die Demokraten und die Whigs (Liberale und später Republikaner). Brisant war auch die Kluft zwischen den Nord- und Südstaaten, die, getragen von unterschiedlichen Wirtschaftssystemen, letzten Endes an der Sklavenfrage festgemacht wurde. Die Südstaaten umgingen die Einfuhrverbote für Sklaven, während man sich im Norden engagiert für die Abschaffung der Sklaverei einsetzte. Solange die bedeutenden Politiker in erster Linie aus dem Süden kamen, war dieses Problem nicht zu lösen. Doch die wirtschaftlichen Vorteile der sklavenfreien Staaten durch die schnellere Entwicklung von Industrie, Handel und Bankwesen erwiesen sich gegenüber der einseitig auf den Baumwollanbau gestützten Wirtschaft des Südens zunehmend auch als politische Stärke.

Um die Mitte des Jahrhunderts entbrannte der Streit um die Sklaverei mit aller Macht. Er mündete 1861 in die Abspaltung von zehn Südstaaten aus der Union, die sich in einer Konföderation zusammenschlossen. Im Civil War von 1861 bis 1865, dessen Hauptschauplatz Virginia war, eskalierten die politischen Meinungsverschiedenheiten in kriegerischen Auseinandersetzungen. Mit der bedingungslosen Kapitulation der Konföderationsheere war die Freiheit der Sklaven schließlich besiegelt und konnte in der Verfassung verankert werden. Als Bürger der Vereinigten Staaten bekamen die Schwarzen 1868 auch das Wahlrecht zugesichert (die Frauen erst 1920). Die letzten Südstaaten wurden 1870 wieder in die Union aufgenommen, die letzten Bundestruppen wurden 1877 abgezogen.

Schon während des Krieges wurde die erste Transkontinentalbahn eröffnet und bis 1890 war auch die Erschließung des Westens im wesentlichen abgeschlossen. Die Industrialisierung, der Fortschritt in Wirtschaft und Technik, wurde in großem Stil vorangetrieben und gepriesen. Die alten Mittelschichten, wie die selbständigen Farmer und Gewerbetreibenden, wurden durch industrielle Folgeberufe wie Angestellte, Facharbeiter, Techniker und Manager abgelöst. Die wirtschaftlichen Aussichten lockten zum Jahrhundertende wieder viele Auswanderer nach Amerika.[92]

Die historischen Bedingungen erklären die politische Betroffenheit jedes einzelnen. Sie ging so weit, daß sie sich auch in der Volkskunst auszudrücken suchte. Und auch die Tatsache, daß sich in ihr eine große Naturverbundenheit ebenso wie der ausgeprägte Sinn für die Gemeinschaft und für die Religion widerspiegelt, läßt sich anhand der geschichtlichen Vorgänge erklären. Die Trennung von Staat und Kirche bestand seit der Gründung der Vereinigten Staaten, so daß sich die verschiedensten Religionsgemeinschaften intensiv um ihre Anhänger bemühen mußten. Doch die Umstände lassen es logisch erscheinen, daß der religiöse Glaube für viele Menschen wie ein Rettungsanker in den bewegten Zeiten war, der Gemeinschaft und Sicherheit gab.

In den Patchworkquilts des 19. Jahrhunderts hat sich viel von dem niedergeschlagen, was vorausgehend beschrieben wurde. Es muß nur erkannt und gedeutet werden.

Die soziale Bedeutung des Quilts in Nordamerika

Es gibt anschauliche Berichte über das Leben im Nordamerika der ersten Hälfte des 19. Jahrhunderts. Dem Außenstehenden stellt es sich meistens als sehr hartes Dasein dar, das mit allen Schwierigkeiten eines Neuanfangs verbunden war. Dramatische Geschichten beschreiben ein von Armut und Entbehrungen geprägtes Leben, vor allem für jene, die von der Ostküste weiter in Richtung Westen zogen, um sich neues Land und neue Lebensmöglichkeiten zu erschließen. Dabei erlangten gerade die Patchworkquilts der englischen, schottischen und irischen Einwanderer, die sich immer tiefer in den bergigen Regionen der Appalachen ansiedelten, die höchste Vollendung.[93]

   Nur die intensive Auseinandersetzung mit den sozialen und historischen Bedingungen in der Neuen Welt zeigt, daß die Umstände sehr viel differenzierter betrachtet werden müssen, wenn man nach Aspekten sucht, die die Geschichte der Patchworkquilts erhellen sollen.

56 *Rocinda Winslow Wilson Quilt,*
North Carolina, 1830-1840.
The Mint Museum, Charlotte,
North Carolina

89

Vor der amerikanischen Revolution zogen beispielsweise Iren schottischer Abstammung, Ulstermen genannt, aus Pennsylvania und Maryland in die Gegend von Charlotte am Fuß der Appalachen, mit der südlichen Grenze zu Süd-Carolina. Sie waren ursprünglich aus religiösen Gründen ausgewandert, da sie als Presbyter für die Religions- und Regierungsfreiheit eintraten, beziehungsweise eine Trennung von Kirche und Staat befürworteten. Ihr Gebiet wurde Mecklenburg County genannt, und sie ließen sich dort auf großen Plantagen, die mit Hilfe von Sklaven bewirtschaftet wurden, nieder. Sie sagten sich bereits 1775 als erste von England los und traten auch während des Unabhängigkeitskrieges als ausgesprochen eigenwillige und kämpferische Volksgruppe auf. Die Bewohner von Mecklenburg County waren alles in allem gebildete, wohlhabende und gastfreundliche Menschen. Sie lebten vom Baumwollanbau und seit dem Bürgerkrieg auch von der Goldproduktion mehrerer bedeutender Goldminen.

Feste waren sehr beliebt und oft mit einer Zusammenkunft der Frauen zum Quilten verbunden. Bis zum Einbruch der Dunkelheit wurde in der Gemeinschaft gequiltet, daran schloß sich ein Festessen mit Tanz an. Die Gäste, teilweise von weit entfernten Plantagen angereist, blieben über Nacht und machten eine große Anzahl von Gästezimmern, Betten und Quilts erforderlich. Aus dieser Zeit sind viele Medaillonquilts erhalten, die nach englischem Vorbild als besonders schön galten (Abb. 56). Es war jedoch nicht nur das englische Vorbild, zu dem gerade die Ulstermen ein eher gespaltenes Verhältnis haben mußten, das die besondere Vorliebe für diese Quilts erklärt. Sie sind in erster Linie in der »Broderie perse«-Technik gearbeitet. Man schnitt also die Motive aus importierten Chintzen aus und applizierte sie auf einen weißen Grundstoff. Diese Chintze waren teuer, und wenn man sie in derartigem Überfluß verarbeiten konnte, war das ein Zeichen für den Wohlstand, der im Hause herrschte.

Die Bedeutung gerade solcher Decken, die auch noch in der Gemeinschaft vor einem Fest oder einer Hochzeit gequiltet wurden, liegt auf der Hand: sie waren Statussymbol und Ausdruck gesellschaftlicher Anerkennung (Abb. 58).

Ein Brief von Marry Warren von der Davidson Plantage an Mary Springs aus dem Jahr 1800 spiegelt den Wert der Quilts in dieser Gesellschaft sehr schön wider: »Ich bin so damit beschäftigt mich zu amüsieren, da es für uns nichts anderes hier gibt als Quiltings und Hochzeiten...«.[94] Zu Quilten war also gleichbedeutend mit Feiern und entsprechend populär waren Muster, in denen sich Wohlstand und Weltläufigkeit demonstrieren ließ. Den Quilts wurde so viel Wert beigemessen, daß sie in Testamenten neben Sklaven, Möbeln, Silber, Hauswäsche, Geld und Landbesitz aufgeführt wurden.[94]

Um die Lebenshaltung und Einstellung der Menschen, vorrangig in Neu-England in der ersten Hälfte des 19. Jahrhunderts zu charakterisieren, eignet sich fol-

gendes Zitat aus dem Vorwort eines damals sehr beliebten Buches über Haushalts-
führung von Lydia Maria Child: »The American Frugal Housewife«, das 1845 in
der 31. Auflage erschien: »Die wahre Wirtschaftlichkeit eines Haushaltes zeigt sich
in der Kunst, alle Reste zu sammeln, sodaß nichts verloren geht. Ich meine damit
Reste von Zeit wie von Material. Nichts sollte weggeworfen werden, solange noch
die Möglichkeit besteht einen Nutzen daraus zu ziehen, so geringfügig er auch sein
mag; und wie groß auch immer die Familie ist, so sollte doch jedes Mitglied damit
beschäftigt sein Geld zu verdienen oder Geld zu sparen... Im Hinblick darauf ist
Patchwork eine gute Sparmaßnahme. Es ist natürlich eine verrückte Zeitver-
schwendung Stoffe in Stücke zu reißen, um sie erneut zu fantastischen Mustern zu
arrangieren; aber eine große Familie mag schon von Nichtigkeiten erhalten werden

58 Charlotte Dabney
Applikationsquilt,
Dorchester, Maryland, um
1799, 250x233.
Cincinnati Art Museum,
Cincinnati, Ohio

und einige Shillinge durch die Verwendung von Vorhang- und Kleiderfetzen gespart werden.«[95] Die Quilts die hier gemeint waren, sahen natürlich anders aus als die Applikationsquilts aus Mecklenburg County. Es waren einfache Patchworkquilts (Abb. 59, 60, 61). Aus diesen Ratschlägen sprechen die revolutionären Ideale der damaligen Zeit, in denen die Arbeit als die Basis des Familienlebens und das Familienleben als Grundlage jeder Gemeinschaft angesehen wurden. In diesem Zusammenhang standen die Patchworkquilts als Produkt gemeinschaftlicher Anstrengungen.

Die sogenannten »Quiltings« waren Versammlungen mit einer wichtigen Funktion innerhalb des sozialen Lebens ländlicher und städtischer Gemeinden. Sich gegenseitig zu helfen war in jenen Tagen unter Bürgern wie Farmern eine Selbstverständlichkeit. Man versammelte sich zu allen erdenklichen Anlässen, um sich gegenseitig zu unterstützen, sei es bei dem Bau einer Scheune oder beim Reinigen und Zupfen der Wolle.

92

Das Wort »bee«, das so oft im Zusammenhang mit Quilts verwendet wird und, abgeleitet von den fleißigen Bienen, die Zusammenkunft emsig steppender Frauen um den Quiltrahmen meint, wurde tatsächlich niemals benutzt. Briefe und Tagebücher aus der Zeit kennen nur den Ausdruck »Quilting«, während die »Quiltingbees« nachträglich von romantisierenden Autoren erfunden wurden.

In einem 1849 geschriebenen Brief von Friederike Bremer wird die Bedeutung des Wortes »bee« erklärt: »Ich war auf einer ›bee‹! Und wenn du wissen möchtest, was dieses Geschöpf der hiesigen Gesellschaft ist, paß auf! Wenn eine Familie durch Krankheit oder Feuer in Armut fällt und die Kinder Kleidung und anderes brauchen, versammeln sich sofort einige besser gestellte Damen aus der Nachbar-

59 Streifenquilt „S.G.1871" aus
europäischen Baumwollchintzen,
254x236.
American Museum in Britain,
Claverton Manor, Bath

60 *Sarah Corwyn Quilt, Neu-England,*
    1831, dazu Detail, 272x240.
    Privatbesitz Ute Bredow, Berlin

94

61 Ruth Porter's Quilt, 177(7)?, 244x231. American Museum in Britain, Claverton Manor, Bath

schaft und nähen für sie. So eine Zusammenkunft nennt man ›bee‹!«[96] Darüber hinaus gab es viele andere »bees«, die dazu dienten, dringende und weniger angenehme Arbeiten in der Gemeinschaft zu erledigen.

Die Quiltings waren im Vergleich dazu eine rundherum angenehme Sache, bei der man kreativ tätig beieinander saß und miteinander reden konnte (Abb. 57). Hier gab es die Möglichkeit, einem »Fachpublikum« das neueste Werk vorzustellen, neue Ideen und Anregungen für Patchwork- und Quiltmuster auszutauschen, einen Gemeinschaftsquilt für jemanden zu nähen, der besonders geehrt werden sollte, einen Brautquilt zu steppen, was in manchen Gegenden einer Verlobungsankündigung gleichkam, und schließlich alle Neuigkeiten der näheren und weiteren Umgebung ausgiebig zu besprechen. Es versteht sich von selbst, daß unter solchen Umständen eine geschickte Näherin auch eine gute soziale Stellung hatte – die Ungeschickten wurden in die Küche geschickt. So war es auch schon für ein kleines Mädchen sehr erstrebenswert, eine gute Näherin zu werden. Die Quiltings waren Veranstaltungen, die alle sozialen Schichten erfaßten oder, besser gesagt, all diejenigen, die an einem regen sozialen Leben interessiert waren.

Die Entwicklung der Patchwork-Blockmuster

Die Gestaltung der Patchworkquilts ergab sich in erster Linie aus vorhandenen Flicken ausgedienter Kleidungsstücke oder Gardinen. Es ist denkbar, daß passende Stoffe in der Nachbarschaft eingetauscht wurden, um bestimmte farbliche Schwerpunkte setzen zu können. Trotz aller praktischen Aspekte bot das Patchwork die Möglichkeit, kreativ mit Farben und Formen umzugehen. In jeder anderen Art wäre eine solche Beschäftigung als Müßiggang kritisiert worden, den man sich unter den herrschenden Umständen bestimmt nicht leisten durfte. Da das Ergebnis aber sehr nützliche und dekorative Decken waren, wurde das Patchwork toleriert und durch die Veranstaltung von Quiltings zu einer gesellschaftlichen Angelegenheit erklärt.

Man muß die Bedeutung der Patchworkquilts allerdings etwas relativieren, indem man sich klar macht, in welcher Situation sich normalerweise eine Frau um die Jahrhundertwende befand. Auf ihr lastete zum Beispiel die gesamte Textilproduktion für Haus und Familie. Das hieß, daß sämtliche Textilien, vom Rohmaterial bis zum fertigen Kleidungsstück oder Vorhang, hergestellt werden mußten. Nachbarschaftshilfe und Dienstboten, je nach sozialer Stellung, erleichterten diese Aufgabe. Doch angesichts dieser Umstände wird verständlich, warum schon vierjährige Mädchen zu Nadelarbeiten herangezogen wurden. Mit der wachsenden Industrialisierung der Textilfabrikation wurde den Frauen eine Menge Arbeit abgenommen, doch die Zeit, die für Patchwork und Quilting blieb, wird immer noch nicht sehr reichlich bemessen gewesen sein. Es war »Freizeitbeschäftigung« für die Abendstunden, falls keine Strümpfe oder Arbeitskleidung geflickt werden mußten. Es fällt schwer sich vorzustellen, daß angeblich gerade ärmere Frauen so viel Patchwork genäht haben sollen. Ob sie wirklich die Kraft und Zeit erübrigen konnten, wenn es doch darum ging, wenigstens das Notwendigste für die Familie zu sichern? Eigentlich spricht viel dafür, daß diese Beschäftigung eine einigermaßen gesunde wirtschaftliche Situation der Familie voraussetzte. In diesem Punkt hat die allzu romantisierende Geschichtsschreibung vielleicht zu sehr verklärt.

Die frühen Patchworkdecken, die uns seit 1750 erhalten sind, waren zum großen Teil Linsey-Woolsey-Quilts, die aus großformatigen, geometrischen Stoffteilen zusammengesetzt wurden. In zwei bis drei Farben gestaltet, reduzierten sie den Medaillonstil auf seine wesentlichen Elemente. Ganz wenige Beispiele von Linsey-Woolsey-Quilts zeigen kleinteiligere Muster, die aber auch nur zwei bis drei Farben in Quadraten, Streifen oder Dreieckskompositionen miteinander kombinieren. In gewisser Weise bedeuten sie einen Vorgriff auf die Blockmuster, die seit dem Beginn des 19. Jahrhunderts zunehmend Anwendung fanden. Diese bildeten sich aus einem Grundquadrat handlicher Größe, das durch verschiedenste Unterteilungen immer neue Motive ergab und beliebig aneinandergesetzt werden konnte. Die einfachste Form, der »One Patch« als ungegliedertes Quadrat, ergab willkürliche Farbkompositionen, Schachbrettmuster und als Rechteck, versetzt angeordnet, »Mauerstein«-Muster, die auch als »Hit and Miss« bezeichnet wurden. In vier gleich große Quadrate geteilt, wurde das gleichschenklige Rechteck zur Grundlage des »Four Patch«. Diagonale gliederten diese wieder so, daß sich viele Diamant- und Dreieckmuster entwickelten.

Ein Quadrat mit neun eingeschriebenen kleineren Quadraten ließ sich noch differenzierter aufteilen und bildete beispielsweise die Grundlage für ungezählte Sternenmuster, die ganz besonders beliebt waren (Abb. 62). Diesem »Nine Patch« folgte das Raster des »Sixteen Patch« und so fort.

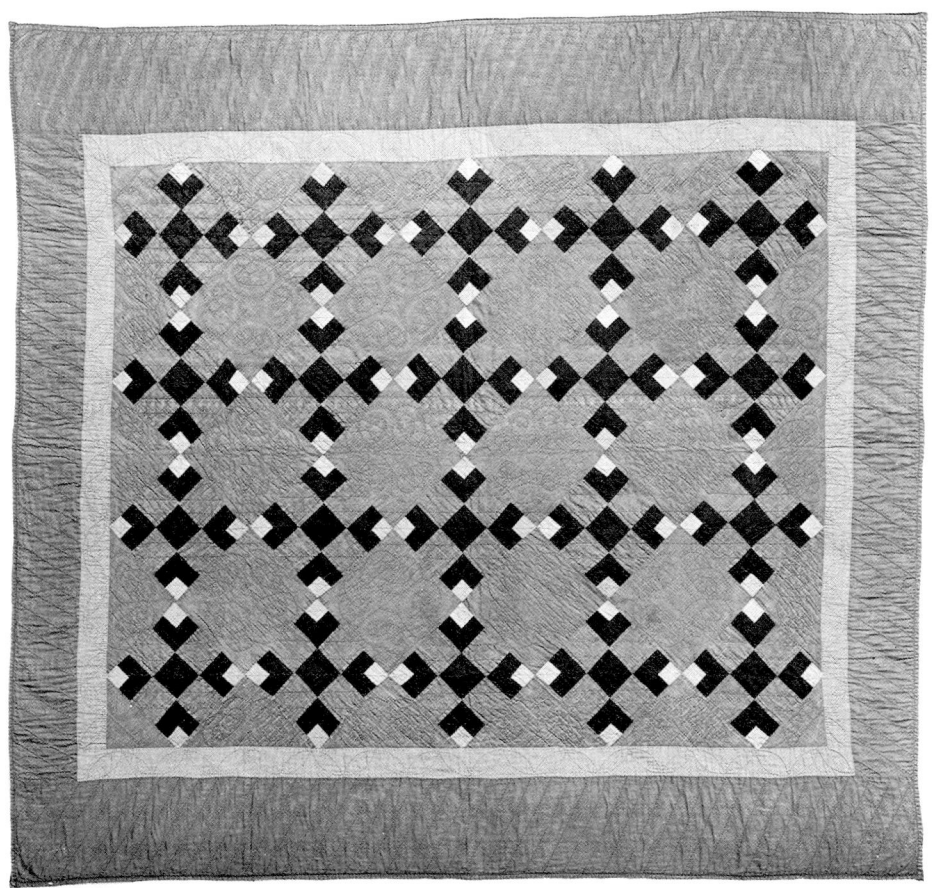

62 Patchworkquilt
  „Nine Patch",
  Amish, um 1920,
  174x157.
  Folk Art Gallery,
  Hamburg

63 *Verschiedene*
   Blockmuster.
   Folk Art
   Gallery,
   Hamburg
a) *„Grandmother's*
   Flowergarden"
   (Hexagon)
b) *„Diamond"*
   (Raute)
c) *Applikations-*
   block
d) *Log Cabin-*
   Variation

a

b

c

d

98

a

b

64 Verschiedene
Blockmuster.
Folk Art
Gallery,
Hamburg
a) „Sixteen Patch"
b) „Goose Tracks"
oder „Cross and
Crown"
c) „Le Moyne
Star"
d) „Melon Patch"
kombiniert mit
„Nine Patch"
Block

c

d

Das Prinzip bestand darin, die quadratischen Einheiten durch Diagonalen zu gliedern. Die so entstanden Elemente des Blocks wurden auf unterschiedliche Art farblich hervorgehoben, um ein bestimmtes Motiv zu erhalten. Die aneinander genähten Blocks ergaben eine Reihung gleicher Motive oder fügten sich zu einem »all over«-Flächenmuster zusammen, in dem der einzelne Block erst auf den zweiten Blick erkennbar wird. Die Zusammenstellung von Musterblöcken mit Uniblöcken war daneben genauso häufig wie das Einsetzen von kontrastierenden Stoffstreifen, die sich als »Gitter« zwischen die Blöcke legten.

Die dem Blocksystem vorausgehende Methode baute das Patchwork aus der Wiederholung des immer gleichen geometrischen Elementes auf. Meist vom Zentrum ausgehend wuchsen so aus Hexagon oder Raute Flächenmuster, die sich nur durch Farbe, nicht aber durch die Anordnung unterschiedlicher Bauteile gliedern ließen. Man bezeichnete es als »englische Methode«, wenn zur Herstellung solcher Muster alle Teile vor der Verarbeitung über Papierschablonen geheftet wurden. Wie die Bezeichnung verrät, war diese Technik im 19. und auch 20. Jahrhundert in England weit verbreitet. Doch auch in Amerika bestand sie neben der Blocktechnik weiter, zumal eines der großartigsten und populärsten Patchworkmotive, der »Le Moyne Star«, nur aus Rauten zusammengesetzt wird.

Blöcke zu nähen war dagegen sehr viel praktischer. Aus den einzelnen Elementen wurden handliche Quadrate, diese dann zu Streifen und schließlich alles zu einem Ganzen zusammengefügt. Mit der Entwicklung der Patchwork-Blockmethode, die erst die unglaubliche Fülle unterschiedlichster Patchworkmuster möglich machte, haben die nordamerikanischen Frauen ein typisches Kennzeichen ihrer Quilts geschaffen (Abb. 63, 64). In den Quilts, die vor 1800 entstanden, überwiegen noch die Zentralmotive. Nach der Jahrhundertwende werden im Blockstil entworfene Patchworkquilts zunehmend populär. Die meisten erhaltenen Patchworkdecken aus der Zeit vor 1825 stammen aus den Staaten New York, Pennsylvania, Neu-England und Maryland, vereinzelt auch aus Virginia, Massachussets, Connecticut und weiteren. In ihnen sind bereits alle grundlegenden Blockmuster ausgebildet, insbesondere die einfacheren wie »Diamond in the Square«, »Variable Star« und andere Sternenblöcke. »Sägezahn«-Variationen als Randmuster oder als Block für »Delectable Mountains« und »Birds in the Air« sowie die unterschiedlichsten »Nine Patch«-Blöcke sind auch weit verbreitet gewesen.[97] Die Blockmuster tragen Namen, die sich aus dem Zusammenhang ihrer Entstehungsgeschichte und Umgebung entwickelt haben und heute nur noch bedingt nachvollziehbar sind. Je älter ein Muster ist, um so weiter ist es herumgekommen und desto mehr Namen trägt es.[98]

Muster und Motive – Namen und Bedeutungen

Die meisten Muster, die bis heute verwendet werden, gab es schon zu Beginn des 19. Jahrhunderts. Sie wurden von den Müttern an die Töchter weitergegeben, in Planwagen mitgeführt, um sie neuen Freunden zu zeigen, auf landwirtschaftlichen Messen gehandelt oder von reisenden Händlern erworben. Die Namen dieser Muster spiegeln harte Zeiten wider, die Schönheit der Natur, religiöse Widmungen und politische Strömungen. Patriotismus und Pioniergeist wurden in ihnen zu einem Teil der amerikanischen Volkskunst. Auf seiner Wanderschaft änderte ein Muster oft nicht nur seine Farben, sondern auch seinen Namen.[99]

Es ist unmöglich, alle Muster und ihre vielen Variationen und Benennungen an dieser Stelle aufzuführen. Es gibt Lexika und Institutionen, die sich dieses zur Aufgabe gemacht haben.[100] Die Anlässe und Hintergründe, die ein Muster oder seinen Namen bewirkten, sind vielfältig. Applizierte Motive haben ihren Ursprung vorwiegend in der Natur. Blumen, Blätter und seltener Tiere und Menschen sind ihre Vorbilder gewesen. Für die Patchworkmuster, die von ihrer Herstellungstechnik

65 *Patchworkquilt*
„Goose in the Pond".
Folk Art Gallery, Hamburg

101

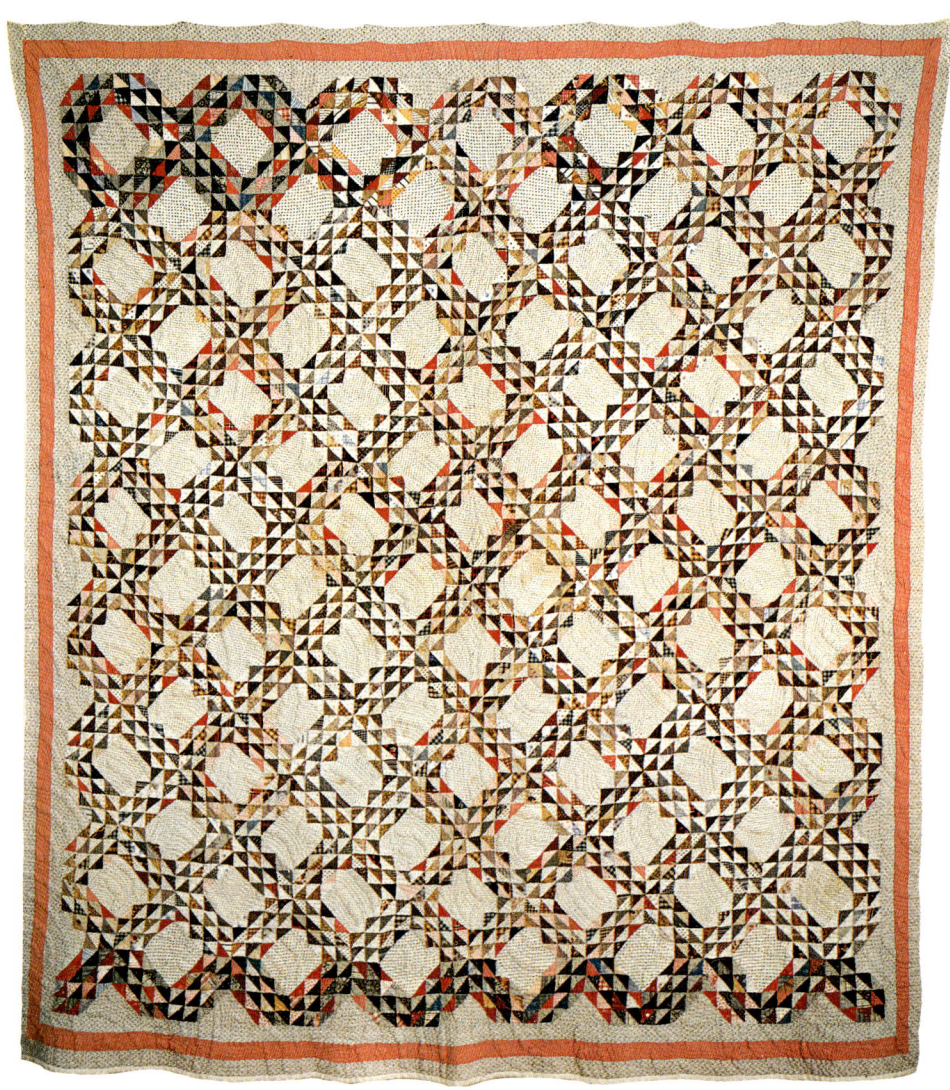

her schon einen gewissen Grad an Abstraktion verlangen, sind die Anlässe ihrer Entstehung oft nicht mehr so vordergründig.

Zunächst gab es die Möglichkeit, reale Gegenstände, Blumen, Häuser, Bäume und Zäune derart in ihre geometrische Grundform umzusetzen, daß sie durchaus noch als eine solche bestimmte Sache erkennbar waren. Hier reichte also die allgemeine Charakterisierung noch aus, um konkrete Motive darzustellen. »Schoolhouse«- oder »Basket«-Blocks entsprechen beispielsweise diesem Prinzip.

Allgemeinere Bilder aus der Natur wie der Zug der Wildgänse, Ozeanwellen oder Bärenspuren waren sichtbare Phänomene, die sich abstrakt wiedergeben lie-

102

ßen (Abb. 66). Ihre Umsetzung in geometrische Formen suggerierte den Eindruck von fliegenden Gänsen, wogenden Wellen und Bärenspuren, konnte aber auch in anderem Sinne interpretiert werden. So sind kleine Dreiecke meistens das Synonym für Vögel, für kleinere Arten, aber auch für Gänse, Enten und Hühner (Abb. 65). Die Kombination großer und kleiner Dreiecke kann unter bestimmten Voraussetzungen auch eine Henne mit Küken darstellen. Wie phantasievoll die Interpretationen und damit die Namen sein konnten, läßt sich an dem alten Muster »Bears Paw«[101] sehr schön erklären (Abb. 67). Es reflektiert in seinem Namen die Gefahren, die das Leben an der Grenze zum Wilden Westen und in der Nachbarschaft wilder Bären mit sich brachte. In bewohnteren Gegenden, wo die Bären vielleicht auf dem Rückzug, die Straßen und Wege aber noch matschig waren, hieß das Muster »Ducks Foot in the Mud«. Die Quäker in Philadelphia fühlten sich an ganz anderes erinnert und nannten es »Hands of Friendship«. So erging es vielen Mustern auf ihrem Weg kreuz und quer durch die Vereinigten Staaten und die Anlässe ihrer Umbenennung sind oft noch phantastischer als sie selbst.

67 Patchworkquilt „Bears Paw",
um 1880, 215x212.
Sammlung Atef/Schreiterer, Berlin

103

68 Patchwork Top „Drunkards Path“,
220x200.
Privatbesitz Rosa Dames, Berlin

Eine weitere Abstraktion weisen die geometrischen Muster auf, die nur noch Ideen und Vorstellungen darstellen, wie es der Weg eines Betrunkenen, das Loch in der Scheune oder die Reise um die Welt offenbar gewesen sind (Abb. 68). Hier stellt sich die Frage, ob zuerst das Muster und dann sein Name oder erst der Name und dann die Umsetzung da war. Sie sind zwar noch lesbar, wenn man ihre Benennung kennt, doch war diese auch austauschbar. Das abstrakte Muster machte viele Assoziationen möglich. So wurde der »Drunkard's Path« vor 1845 auch »Rocky Road to Dublin«, »Rocky Road to California« oder »Country Husband« genannt. In Ohio bekam das Muster die Benennung »Robbing Peter to Pay Paul«.[102] Es war aber in jedem Fall ein sehr populäres, einfaches Muster mit großer Wirkung.

Die größte Gruppe unter den Patchworkmustern bildeten diejenigen, die völlig abstrakt auf eine Idee oder ein Ereignis eingingen. Die Existenz ungezählter »Rocky Roads to . . .« wurde – wie schon angedeutet – auf langen, rüttelnden Fahr-

69 „Wandering Foot" bzw. „Turkey
Track" Quilt,
Maryland, 1840/50, 239x203.
American Museum in Britain,
Claverton Manor, Bath

ten im Planwagen gen Westen ersonnen! Die Anlässe für die Benennung dieser
Muster sind für den Betrachter kaum noch nachvollziehbar. Ereignisse ganz per-
sönlicher Art, innerhalb der Familie oder Nachbarschaft, haben eine ebenso große
Rolle gespielt wie politische, religiöse oder literarische Bezüge. Manchmal lag ein
gewisser Aberglaube in der Symbolik der Muster oder in ihren Namen. Einige Beispiele können das Gesagte[103] sehr schön illustrieren.

Zu der Entstehung des »Lafayette Orange Peel«-Musters wird eine kleine
Geschichte überliefert: Während eines Banketts in Philadelphia, zu Ehren des Mar-
quis de Lafayette, gab es spanische Orangen. Diese seltenen Früchte erregten gro-
ßes Aufsehen und eine junge Frau nahm eine Orange mit nach Hause. Sie schälte
die Frucht sorgfältig und entwickelte ein Patchworkmuster daraus, das bis heute
diesen denkwürdigen Namen trägt.[104]

Glaube und Religion waren ein vitaler Teil des Lebens, und so hatten viele Patch-

70 *Patchworkquilt „Jacobs Ladder", Iowa Amish, um 1920,*
   218x178.
   Quilt-Galerie Verena Klüser, München

◁

71 Patchworkquilt „Delectable Mountains", Iowa Amish,
um 1920, 217x160.
Quilt-Galerie Verena Klüser, München

72 „Tulip Quilt", um 1920, 216x212.
Folk Art Gallery, Hamburg

workmuster Namen, die in diesem Zusammenhang standen. Das Motiv, das seit 1800 den Namen »Job's Tears« trug, wurde 1825 umbenannt in »Slave Chain«. Es gibt damit einen Hinweis auf den Zeitgeist vor dem Civil War, als die Sklaverei ein brisanteres Thema war als die Religion. 1840, als Texas sich von Mexiko losgesagt hatte und sich anschickte, als achtundzwanzigster Staat in die Union aufgenommen zu werden, bekam das Muster den neuen Namen »Texas Tears«. Nach dem Civil War hieß es auch »Rocky Road to Kansas«, »Kansas Troubles« und schließlich wurde es zur »Endless Chain«.[105]

Das Motiv »Jakobsleiter« wurde in Neu-England so bezeichnet, während es in Virginia »Stepping Stones«, in Pennsylvania »Tail of Benjamin's Kite«, in Mississippi »Wagon Tracks« und in Kentucky »Underground Railroad« genannt wurde (Abb. 70). Der Name nimmt im letzten Fall wieder den Bezug zur Sklaverei auf, denn mit der »Underground Railroad« war nichts anderes gemeint, als das geheime Netz der Fluchtwege für die Sklaven, das sich von Missouri bis Kansas, Nebraska und Iowa erstreckte.[106]

»The Delectable Mountains« ist ein Muster, mit dessen Namen sich die Frauen, ihre Liebe zum Land bestätigend, auf die Lehren der John Bunyan-Pilgerbewegung beziehen (Abb. 71). Dort sind die »Delectable Mountains« der Ort, von dem man den Garten Eden erblickt.[107]

Aberglaube war lange Zeit das Verhängnis eines Musters, das »Wandering Foot« hieß (Abb. 69). Man ließ grundsätzlich keine Kinder unter einer Decke mit diesem Motiv schlafen, weil man meinte, sie würden dann unglücklich und unruhig aufwachsen. Keine Braut wollte einen solchen Quilt in ihrer Aussteuertruhe haben.[108] Durch die Umbenennung in »Turkey Tracks« wurde der Bann jedoch gebrochen, sonst wäre es vielleicht ausgestorben. In grünem Stoff auf weißem Grund gearbeitet, wurde es »Iris Leaf« genannt.

»Lady of the Lake« ist eines der ganz wenigen Muster, dessen Namen niemals verändert wurde, obwohl sein Bezug abstrakt genug war. Es wurde 1810 in Vermont entwickelt und war als Anspielung auf die Heldensagen von Sir Walter Scott gedacht, die auf die Pioniere viel Eindruck gemacht haben.[109]

Einen politischen und auch sehr persönlichen Grund hatte die Umbenennung des »Hickory Leaf«-Musters in »Order No. 11«. Fannie Krieger Hall mußte als zehnjähriges Mädchen zusehen, wie Plünderer den neuen Quilt ihrer Mutter vom Bett rissen und mitnahmen. Nach dem Erlaß No. 11 herrschte Kriegsrecht, und als sie das Muster nach vielen Jahren in einem eigenen Quilt wiederholte, nannte sie es nach dieser Verordnung »Order No. 11«, um an die Ungerechtigkeit, die ihrer Familie unter dem Kriegsrecht widerfahren war, zu erinnern.[110]

Die vielen Varianten von »North Carolina Lily«, »Mountain Lily« und anderen stammen aus einer Zeit des beschaulichen Lebens auf den großen Plantagen der

Südstaaten, als noch genug Zeit vorhanden war, solche komplizierten Muster zu ersinnen und zu nähen (Abb. 72). Die Lily- und Tulpen-Muster sind sich sehr ähnlich. Die Lily war meistens kleiner und zarter in der Farbe und Form, während die Tulpen größer und bunter gestaltet wurden. Sie galten allgemein als Symbole der Fruchtbarkeit.

Rosen waren an sich ein recht unverfängliches Motiv, doch als »Whig Rose« der Liberalen Partei oder »Democrat Rose«, »Harrison Rose«, »Mexican Rose« waren sie sich alle sehr ähnlich, und es entbrannte sogar ein Streit darüber, zu welchem politischen Lager das Symbol der Rose nun ursprünglich gehört hat. Die Whigs beanspruchten es genauso wie die Demokraten, und man konnte sich nicht einig werden.[111] Die »Radical Rose« war mit ihrem schwarzen Zentrum, um das sich Blütenblätter ordneten, als eine Anspielung auf die Befreiung der Sklaven während des Civil War entstanden.[112]

In Quilts mit patriotischer Thematik, die zu Ehren einer politischen Person oder eines politischen Ereignisses genäht wurden, findet man dementsprechend auffallend häufig das Rosenmotiv. Ihr politischer Symbolgehalt scheint bis heute ungebrochen zu sein, wenn man bedenkt, daß sich der Senat der Vereinigten Staaten noch im Jahr 1985 ernsthaft mit dem Problem auseinandergesetzt hat, ob nun die Rose oder die Ringelblume zur amerikanischen Nationalblume erklärt werden soll.[113] Die Musterung von Quilts aus der Zeit des Civil War könnte eine Antwort auf diese Frage geben.

Quiltmuster in Patchworkquilts

Die einfachsten Quilts, auch »Comforter« genannt, wurden ausschließlich aus den Resten alter Kleidung genäht. Ihre Oberseite wurde aus geometrischen Formen, meistens Rechtecken und Quadraten, zusammengesetzt. Kardierte Wolle, Lumpen oder zerschlissene Quilts dienten als Wattierung. Die drei Lagen wurden in regelmäßigen Abständen geheftet oder geknotet, weshalb diese Decken auch als »Tack-Quilts« bezeichnet werden. Als reine Gebrauchsgegenstände waren sie relativ schnell herzustellen, jedoch auch nur von kurzer Lebensdauer (Abb. 73). Während der Pioniertage vor dem Civil War waren sie, zumindest westlich der Appalachen, sehr weit verbreitet. Später tauchten sie nur noch in armen ländlichen Gebieten auf.[114]

Jeder noch so einfache Patchworkquilt war diesen »Tack-Quilts« an Dekorativität und Haltbarkeit überlegen, was nicht zuletzt durch das Quilting bedingt war.

73 *Tuck Quilt aus*
    Dreiecken, um 1920,
    200x165.
    Sammlung Atef/
    Schreiterer, Berlin

Normalerweise wurden die vielfältigen, geometrisch und farbenfroh angelegten Patchworkmuster mit einem Quiltraster überzogen, das sich aus diagonalen, sich kreuzenden oder parallel verlaufenden Stepplinien bildete (Abb. 74 a-f). Ebenso fand eine Art Muschelmuster, in gegeneinander versetzt angeordneten Bögen, oder ein Kaffeetassen- (in England Weinglas-) Muster von sich überschneidenden Kreisen häufig Verwendung. Ein aus winzigen Stichen entwickeltes Mäandermuster,

110

das in ungeplanten, kleinen und engen Kurven die Fläche gleichmäßig überzieht, bot ebenso wie die anderen Variationen die Möglichkeit, ein Patchwork so zu quilten, daß dessen formale und farbliche Wirkung unbeeinflußt blieb. Der rein funktionale Zweck, nämlich die drei Stofflagen miteinander zu verbinden und die Decke strapazierfähig zu machen, dominiert in diesen Arbeiten.

Ein feines Quilting war natürlich nur dann möglich, wenn geeignete Wattierung zur Verfügung stand. Eine dicke Wollfüllung konnte nur geknotet oder geheftet werden. Die Einlage dünner Rohbaumwollvliese schuf dagegen die besten Voraussetzungen für das Steppen, und hin und wieder wurde auch sehr dünne, kardierte Wolle verarbeitet. Vor der Unabhängigkeit der Kolonien wurden die meisten Wattierungen aus England importiert, wie viele schriftliche Zeugnisse dokumentieren.[115] Doch die hausgemachten Baumwollfüllungen setzten sich zunehmend durch. Da die Rohbaumwolle bis zur Erfindung der Baumwollentkörnungsmaschine im Jahr 1790 und deren allgemeiner Verbreitung manuell gereinigt werden mußte, enthalten die meisten Quilts bis dahin eine Wattierung, die einen sehr hohen Anteil an Samenkapseln und Fremdkörpern hat. Lediglich in den Südstaaten, wo sehr oft Sklaven die mühsame Reinigung der Baumwolle erledigten, findet man schon sehr früh reine, hochwertige Baumwollwattierungen. Es gibt Theorien, die aus dieser Entwicklung auch Anhaltspunkte für eine eventuelle Datierung alter Quilts ableiten wollen.[116] Da aber bis heute, vor allem in ländlichen Regionen, noch handgemachte Rohbaumwollfüllungen verarbeitet werden, handelt es sich hier um einen wenig brauchbaren Anhaltspunkt. Die Steppstiche mußten sehr eng und gleichmäßig gesetzt werden, um die Baumwolle festzuhalten und vor dem Verrutschen oder Verklumpen beim Waschen zu bewahren. Die besonders feine Handarbeit, die wir heute so sehr an den alten Quilts bewundern, hat also wieder einen ganz praktischen Hintergrund.

Das Quilting konnte mehr oder weniger das Patchworkmuster betonen. Die einfachste Art der Betonung war, die Nahtkanten der einzelnen Patchworkelemente durch parallel dazu verlaufende Stepplinien zu wiederholen. Auf diese Weise brauchte man keinerlei Vorzeichnung des Quiltmusters, und darüber hinaus entfiel das manchmal problematische Übersteppen von Nähten. Das eher plakativ wirkende Patchwork wurde um eine Extra-Dimension erweitert.

Eine Weiterentwicklung und Steigerung des Effektes bedeutete das Hinausziehen der Patchworklinien als Quilting auf den neutralen Randstreifen der Decke oder über unifarbene Blöcke innerhalb des Quilts. Patchwork und Quilt wurden somit von der gleichen Geometrie beherrscht. Das glich sie einander an und bedeutete gleichzeitig eine gegenseitige, wirkungsvolle Steigerung.

Neben der Anwendung rein geometrischer Muster war auch deren Kombination mit ornamentalen Quiltmotiven sehr beliebt (Abb. 74 c, d). Auf neutralen Blöcken,

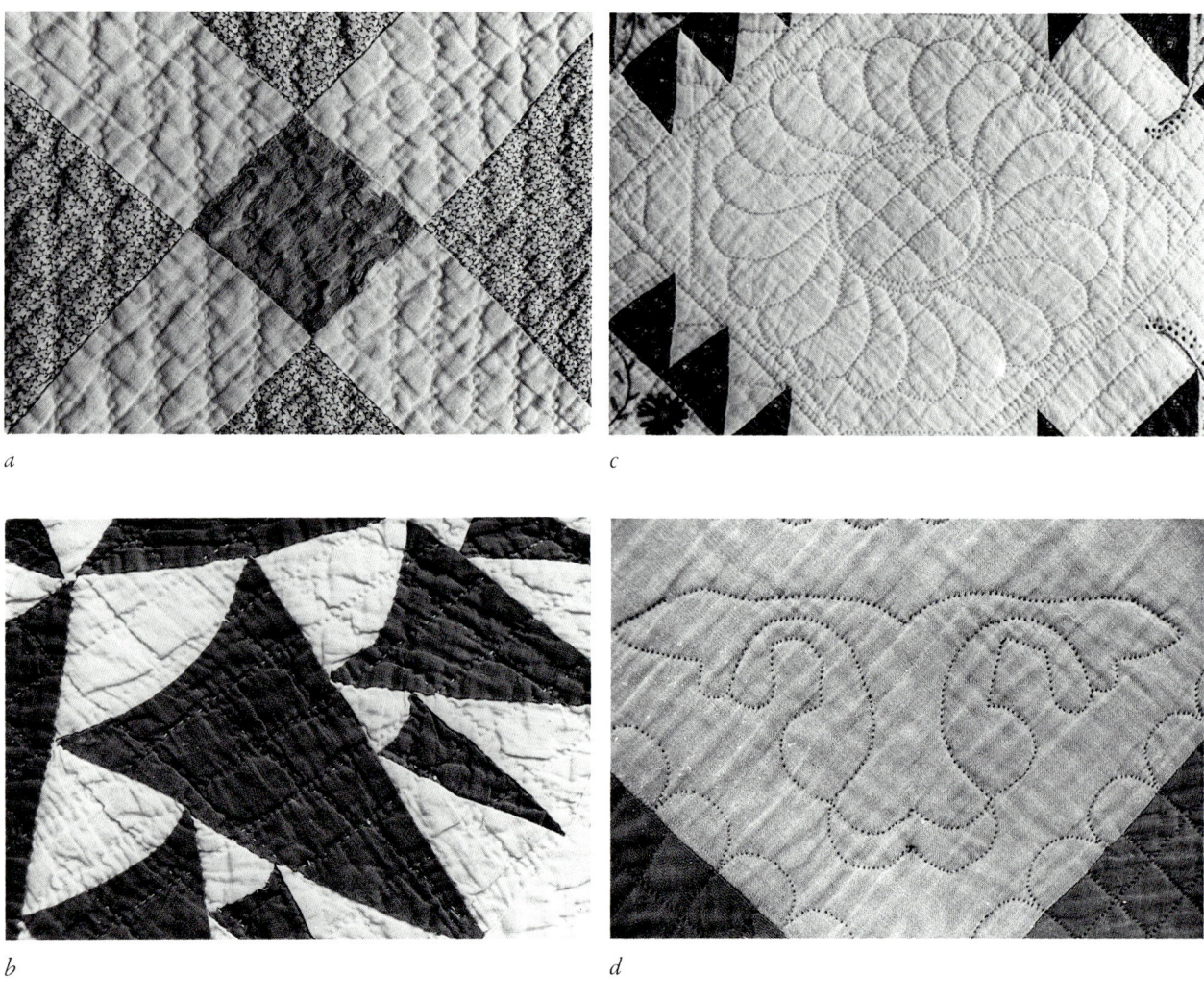

a

c

b

d

Einsatzstreifen oder anderen freien Flächen bot sich genug Platz für dekorative Quiltmuster. Die Gegenüberstellung geometrischer Muster mit ornamentalen Motiven entspricht dem Gestaltungsprinzip von Wholecloth-Quilts, das auch dort die wechselseitige Steigerung beabsichtigte. Die Quiltmotive, wie Blumen, Blätter, Vögel, Girlanden, Kränze, Federn und vieles andere, entsprachen denen der reinen Quilts (Abb. 74 e, f). Sie wurden mit Hilfe von Schablonen auf den Stoff übertragen. Das konnten Teller, Tassen, Becher, Gläser und Geldstücke ebenso sein wie nach Vorzeichnungen gefertigte Schablonen aus Papier, Holz, Kupfer und anderen Materialien. Sie wurden mit Kreide, Bleistift oder einer spitzen Nadel umfahren

112

e

f

74 Quiltmuster.
   Folk Art Gallery, Hamburg
a) Quiltlinien über Patchwork
b) Quiltraster über Applikationen
c) gequilteter Federkranz auf freiem Uniblock
d) Quiltmotiv aus einem Amish Quilt
e) gequiltete Blattranken im Patchworkrand
f) gequiltete Federgirlande auf breitem Unirand

und übertrugen ihre Form so auf die Decke. Auf den Linien quiltete man schließlich entlang, und was während dieser Arbeit nicht verschwand, wurde bei der ersten Wäsche entfernt.

In den Applikationsquilts, die seit dem zweiten Viertel des 19. Jahrhunderts auch zunehmend im Blockdesign gestaltet wurden, spielte das Quilting eine herausragende Rolle. Diese Quilts hatten die applizierten Medaillonquilts oder auch die rein weißen Wholecloth-Quilts in ihrer Funktion als »Paradestücke« abgelöst. Die vorwiegend auf weiße Gründe applizierten Motive wurden so durch Steppereien ergänzt, daß zum Beispiel ein applizierter Blumenstrauß durch gequiltete

Blätter vervollständigt wurde. Eine andere Möglichkeit bestand darin, das gesamte applizierte Motiv in einem einfarbigen Block, im Zentrum des Quilts oder am Rand, als Quiltmotiv zu wiederholen. Letzten Endes waren hier die Variationen genauso vielfältig wie die Quilts, die uns aus dem 19. Jahrhundert erhalten geblieben sind.[117]

Die Art und Weise des Quiltings verrät uns heute sehr viel über den Stellenwert des jeweiligen Patchwork- oder Applikationsquilts zu seiner Entstehungszeit. Die besonders kunstvoll gesteppten Decken hatten sicher auch für die Frauen, die sie nähten, eine herausragende Bedeutung. Sie wurden gut verwahrt, möglichst nur zu festlichen Anlässen benutzt und selten oder gar nicht gewaschen. Als familiäres Kleinod wurden sie, oft mit kleinen Anekdoten verbunden, von Generation zu Generation weitervererbt. Patchworkquilts mit schlichtem Quilting waren mehr für den täglichen Gebrauch bestimmt. Sie verdanken ihre Erhaltung oft genug einem Zufall, und dann ist ihnen in der Regel auch anzusehen, daß sie benutzt worden sind. Sie sind viel seltener signiert als die prächtig gequilteten Patchwork- und Applikationsdecken, da man weder das Patchwork- noch das Quiltmuster besonders zeitaufwendig konzipiert hatte. Ganz besonders selten trifft man schließlich auf die anfangs erwähnten »Tack-Quilts«, obwohl diese sicher am häufigsten vorkamen. So vermitteln uns die heute erhaltenen wertvolleren Arbeiten vielleicht ein verfälschtes Bild von der Herstellung und dem Gebrauch von Patchworkquilts im 19. Jahrhundert. Erst mit dem aufkommenden Bürgertum, einer gewissen wirtschaftlichen Sicherheit und dem Phänomen Freizeit, wurden im größeren Umfang aufwendig gestaltete Patchwork- und Applikationsquilts hergestellt. Diesen »Zug der Zeit« kann man den Quilts auch sehr gut ansehen, und er kulminiert in der Mode der »Crazy Quilts«.

Gequiltet wurde in der Gemeinschaft der Quiltings, wo an einem Tag mehrere Gebrauchsquilts fertiggestellt werden konnten. Aber auch allein oder innerhalb der Familie wurde vor allem im Winter gequiltet. Dazu spannte man die Decke auf einen Quiltrahmen, der entweder auf Blöcken lag oder aber an Seilen von der Zimmerdecke herabgelassen werden konnte. Letzterer eignete sich natürlich besser, wenn man alleine oder nur zu wenigen an der Arbeit saß. Das Steppen konnte jederzeit unterbrochen werden, ohne den Quilt aus dem Rahmen nehmen zu müssen, denn wenn er an die Zimmerdecke gezogen war, konnte der Raum wieder uneingeschränkt genutzt werden. Runde Quiltrahmen, die sehr viel breiter und größer als Stickrahmen waren und dennoch nach deren Prinzip zweier ineinandergesteckter Kreisformen funktionierten, kamen erst sehr viel später auf.

114

Stoffe, Farben und Muster der ersten Hälfte des 19. Jahrhunderts

Die wenigsten der bis heute erhaltenen Quilts sind signiert oder sogar datiert. Tragen sie aber eine Signatur aus waschechter Tinte, so müssen sie nach 1830 entstanden sein.[118] Die schon früher verwendeten farbechten Tinten, die man anrühren mußte, zerstörten das Material und sind heute kaum mehr lesbar. Natürlich wurde auch im Kreuzstich signiert, aber man muß generell davon ausgehen, daß sehr viele Signaturen und Datierungen erst nachträglich angebracht wurden und daher nur bedingt vertrauenswürdig sind.

Es ist unmöglich, einen Quilt auf ein präzises Entstehungsjahr zu datieren, wenn er weder eine glaubwürdige Signatur trägt, noch mit irgendwelchen Dokumenten, die über seine Entstehung Auskunft geben könnten, überliefert ist. Stil, Verarbeitungstechnik, Stoffe und Wattierung lassen unter glücklichen Umständen höchstens eine auf ein Jahrhundertviertel genaue Datierung zu. Stoffe und die mit ihnen einhergehenden Moden sind relativ zuverlässige Wegweiser, auch wenn man niemals nachvollziehen kann, wie lange die einzelnen Stoffe in einem Flickenkorb auf ihre Verarbeitung gewartet haben. Aus diesem Grund wird immer der jüngste in einen Patchwork eingenähte Stoff den der Wahrheit am nächsten liegenden Hinweis auf das Alter des Quilts geben können. Es gibt umfangreiche und sehr informative Publikationen, die sich der amerikanischen Textilgeschichte widmen und in diesem Zusammenhang eine wichtige Hilfe sind.[119] Eine Charakterisierung dessen, was augenfällig für die Materialien der Patchwork- und Applikationsquilts im Amerika der ersten Hälfte des 19. Jahrhunderts ist, soll hier versucht werden.

Die Jahrhundertmitte steht deshalb als Zäsur, weil es vor 1856 ausschließlich Naturfarben zum Färben und Bedrucken der Stoffe gab, die ihre Erscheinung prägten.

Türkisches Rot, eine im Orient entwickelte Färbung, die in einem Prozeß von 13 bis 20 Arbeitsgängen erreicht wurde, konnte erst seit 1780 in England und seit 1829 in Amerika nachvollzogen werden. Trotzdem war das türkische Rot als Unifärbung von Baumwollstoffen und als Grund geblümter Kalikos erst als Importware und dann in Eigenproduktion ausgesprochen beliebt. Vom kräftigen, bläulichen Rot bis zu Pink waren alle Schattierungen möglich, besonders farbecht und dementsprechend häufig in den Quilts vor dem Civil War. Es läßt sich darüber hinaus nur sehr schwer von den späteren Rotfärbungen unterscheiden.

Eine mindestens ebenso geläufige Färbung, die jedoch schon immer selbst gefärbt werden konnte, waren Indigo-Blau und seine verschiedenen hellen und dunklen Abstufungen. Es ist, ähnlich wie das türkische Rot, ein konstanter Faktor in den amerikanischen Quilts des 19. Jahrhunderts und wurde über große Zeiträume hinweg unverändert benutzt. Als Anhaltspunkt für eine Datierung eignen sich unifarbene Stoffe jedoch nicht so gut, weil sich ihre Farbigkeit im Laufe der Zeit nur wenig änderte und sie nicht in dem Maße dem Modediktat unterworfen waren wie Druckstoffe.

Lediglich die Grüntöne können vage Hinweise geben, da es vor der Jahrhundertmitte nur sehr mäßige Färbungen gab, die durch Wäsche und Licht schnell ausblichen. Sie sind heute nur noch als fade, bräunlich-graue Schattierungen erhalten, auch wenn sie zu ihrer Entstehungszeit strahlend und klar waren. Ein kräftiges Gelbgrün war ungefähr seit 1830 besonders beliebt und setzte sich auch sehr markant in der Quiltmode durch. Doch letzten Endes sind Baumwolldrucke, Kalikos und Chintze, die mit Vorliebe zum Nähen von Patchwork und Applikationen verwendet wurden, sehr viel aufschlußreicher in ihrer zeitspezifischen Aussage als Unistoffe.

Dies läßt sich an dem Beispiel Grün recht gut darstellen. Obwohl es die häufigste Farbe in der Natur ist, war man nicht vor 1815 in der Lage, es farbecht auf Stoffe zu drucken. Es mußten Blau und Gelb in zwei Arbeitsgängen übereinandergelegt werden. Wenn der Eintrag nicht korrekt war, blieben links und rechts des Motives ein schmaler gelber und blauer Rand stehen. Auch wenn es seit 1815 möglich war, waschechtes Grün zu drucken, findet man noch bis in die vierziger Jahre des Jahrhunderts Stoffe mit überdrucktem Grün in den Quilts. Von 1830 bis 1860 trat Grün, vornehmlich als Hintergrund schwarzer und blauer Blümchendrucke, in Kombination mit Rot, Pink und Gelb in den so populären, weißgrundigen Applikationsquilts in Erscheinung.

Als Drucktechnik setzte sich nach 1815 auch in Amerika der Walzendruck durch, mit dem man allerdings vor 1835 nur einfarbig drucken konnte. Man ergänzte die Farbigkeit der Motive von Hand weiterhin im Platten- oder Blockdruck.

Im zweiten Jahrhundertviertel wurden sogenannte Regenbogen- oder schattierte Drucke, deren Hintergründe sich von Hell nach Dunkel oder von einer Farbe zur anderen abstuften, populär. Ein ganz spezielles, strahlendes Blau war für diesen Typ Stoff besonders verbreitet. Blumen, Vögel, Schnörkel und Architekturelemente waren die Motive der Zeit. Mit den technischen Möglichkeiten mehrfarbig zu drucken, entwickelten sich Dessins mit einer Fülle naturalistischer Details. Als Hintergründe kleiner, mehrfarbiger Blumendrucke und Vogelmuster kamen Strukturen aus Punkten, Linien und kleinen Geometrien ebenso in Mode wie strahlendes Rot oder Grün.

Die Vielfalt der Druckstoffe wurde von dem Fortschreiten der technischen Möglichkeiten in der Textilindustrie geprägt. Zu Beginn des Jahrhunderts wurden im wesentlichen noch die Motive der Block- und Plattendrucke nachgeahmt, monochrome rote oder blaue Motive auf weißem Grund, schwarz oder weiß konturierte Motive auf farbigem Grund. Das Walzendruckverfahren befreite zunehmend von den technisch bedingten, gestalterischen Zwängen und bot gegen die Jahrhundertmitte große Möglichkeiten für detailfreudige und phantasievolle Stoffmuster im Baumwolldruck. Die amerikanische Textilindustrie konnte relativ schnell den Vorsprung der europäischen Manufakturen, besonders der englischen und französischen, einholen.

Die Tendenz, vornehmlich sehr alter Quilts, viele Brauntöne in sich zu vereinigen, hat meistens relativ wenig mit dem damaligen Zeitgeschmack zu tun. Natürlich war das Einfärben und Drucken farbechter Brauntöne auch zu Beginn des Jahrhunderts schon längst in allen nur denkbaren Schattierungen möglich. Solche Stoffe wurden auch reichlich in die Quilts genäht, doch was sich uns heute fahlbraun, mitunter fast monochrom präsentiert, war ursprünglich oft von leuchtender Farbe wie Purpur, Grasgrün oder Blau. Frühe, echte Braun- oder Schwarztöne hatten dagegen häufig die Eigenschaft zu verrotten. Das lag in erster Linie an den metallischen Beizen, die zum Färben verwendet wurden. So findet man in alten Kaliko-Quilts oft gleichmäßig verteilte Löcher, aus denen die Wattierung hervorschimmert. Diese Löcher waren einmal schwarze oder braune Blümchen oder Punkte, die sich inzwischen völlig aufgelöst haben.

Das Zeitalter der Herstellung bestimmter Färbungen, die Popularität gewisser Farben und Drucke, sowie die Daten der Einführung spezieller Drucktechniken bieten wichtige Informationen, die dazu führen können, einen Quilt realistisch zeitlich und regional einzuordnen. Da diese Fakten jedoch auch regional sehr unterschiedlich sind, müssen sie individuell für jeden Quilt neu eingeholt werden. Die Eingrenzung der Möglichkeiten durch technische Beschränkung in der ersten Hälfte des 19. Jahrhunderts wandelt sich in der zweiten Hälfte zur nahezu unüberschaubaren Vielfalt, die durch viele verschiedene, neue technische Errungenschaften ausgelöst wurde.

Stoffe, Farben und Muster nach der Jahrhundertmitte

Für die Herstellung von Druckstoffen standen nach 1840 zunehmend Maschinen mit mehreren Zylindern, die also mehrfarbig drucken konnten, zur Verfügung. Die Erfindung der Anilinfarben durch Perkin im Jahre 1856 ergänzte diese Möglichkeiten durch eine umfangreiche Palette farbechter Färbefarben für den Stoffdruck. Auf diese Weise wurde die Herstellung preiswerter Kalikos in großer Auswahl möglich. Sie waren besonders detailliert gemustert und mit sehr feinen Schattierungen und Strukturen aus Punkten, Linien und winzigen kleinen Geometrien versehen. Längst waren nicht nur Blumen und Blümchen, Blätter und Vögel als geeignete Motive denkbar. Auch sportliche Accessoires, wie Peitschen, Hufeisen, Tennisschläger, Pfeil und Bogen, oder Nähwerkzeug, wie Fingerhut, Nadel und Faden, und viele andere Figuren der unterschiedlichsten Themenbereiche wurden in Stoffmuster umgesetzt. Sogenannte »Excentric-Stoffe« mit verfremdeten Geometrien, Kräusellinien, Zickzack- oder Netzmustern wurden ausgesprochen populär. Kinderdarstellungen in der Manier von Kate Greenaway-Illustrationen[120] wurden ebenso gedruckt wie auffallend naturalistische Fliegen und andere Insekten. Jubiläumsdrucke mit kleinen Sternen, Freiheitsglöckchen, Streifen und den Jahreszahlen von 1776 – 1876 griffen Themen der Zeit auf. Paisley in großem und kleinem Maßstab, kupferrote, braune und orangene Blumen und Früchte, die wir heute mit Provencedrucken assoziieren, prägten in den siebziger und achtziger Jahren die Mode.[121] Selbst Patchwork wurde seit 1850 auch im Stoffdruck nachempfunden.

Die Fülle der verschiedenen Stofftypen und Stile ist kaum in ihrer Vielfältigkeit zu überblicken. Kennzeichnend für die zweite Hälfte des 19. Jahrhunderts sind vor allem die Genauigkeit und realistische Darstellung der Motive sowie die abstrakten geometrischen Muster.

Die Freude an den nahezu unbegrenzten Möglichkeiten drückt sich natürlich auch in der Farbigkeit der Stoffe aus. So begegnet man vor allem sehr kräftigen und ehrlichen Farben, die höchstens durch ein mehr oder weniger dicht gesetztes Streumuster gedämpft werden.

Um die Jahrhundertwende wurde erst eine Reduzierung der Farben auf dunklere Töne – Dunkelrot, Marineblau, Graublau, Schwarz, kombiniert mit Grau, Weiß und Pink – ganz offensichtlich. Die Musterung schränkte sich auf monochrome Drucke ein, indem einfarbige Motive auf weißem Grund oder weiße Aussparungen auf farbigem Grund gedruckt wurden. Wenn auch die Motive in etwa gleich geblieben waren, so wurden sie doch weniger detailliert und fein gezeichnet. Die Variation lag darin, sie weit auseinander oder dicht in Streifen oder Serpentinen aneinanderzureihen. Schwarz-Weiß-Drucke bildeten einen Höhepunkt dieser sehr trist und traurig wirkenden Stoffauswahl. Hinter dieser Entwicklung stand vornehmlich das Bestreben der Industrie, mehr Stoffe in kürzerer Zeit billiger zu produzieren, was notgedrungen zu einem Qualitätsverlust führte. Auch die Mode der Zeit gab sich dementsprechend nicht gerade farbenfroh in ihrer Erscheinung. Diese Tendenz spiegelt sich gleichzeitig in den Quilts der Jahrhundertwende wider, obwohl einige Quilterinnen es verstanden, die dunklen Töne mit strahlenden Farben, wie feurigem Pink oder knalligem Gelb, zu kombinieren und großartige Effekte damit zu erzielen.

Gleichzeitig wurden weiterhin großgemusterte Chintze für Innenausstattungen und kostbare Kleiderstoffe in einer größeren Vielfalt an Farben, Details und erlesenen Mustern hergestellt. Die kleingemusterten Kalikos waren für die tägliche Kleidung bestimmt und prägten bis in die zwanziger Jahre des 20. Jahrhunderts das Aussehen der Patchworkquilts. Darüber hinaus wurden auch Seide und Samt zu Patchwork verarbeitet. Sie kennzeichneten eine eigene Patchworkmode, die Ausdruck eines wachsenden Wohlstandes war.

Entsprechend den verschiedenen Stoffarten gab es verschiedene Patchwork- und Applikationsstile, die sich während der zweiten Hälfte des 19. Jahrhunderts ausbildeten. Applikationen auf weißem Grund, mit Vorliebe in der Kombination Rot, Grün und Gelb oder Orange, waren bis in die sechziger Jahre hinein große Mode. Sogenannte »Scrap-Quilts« wurden um 1870/80 populär. Das Material für diese Decken wurde gekauft, eingetauscht und gesammelt, um möglichst keine zwei gleichen Stücke in dem Patchwork verarbeiten zu müssen – eine bizarre Art, in der Vielfalt der Materialien zu schwelgen.

Neben den reinen Kaliko-Quilts eroberten sich rein seidene Mosaik-Patchworks und später die Crazy-Quilts die Herzen der Patchworkerinnen.[122]

Eine Festlegung auf wenige verschiedene Quiltgruppen, wie es noch für die erste Hälfte des Jahrhunderts mit den »Broderie Perse Quilts«, den Applikationsquilts im Medaillon- und Blockstil und schließlich mit den Patchworkquilts im Blockstil möglich war, ist für die späten Jahrzehnte des 19. Jahrhunderts kaum mehr so überschaubar möglich. Der Austausch von Patchwork- und Applikationsmustern war nicht mehr regional begrenzt. Modemagazine wie Godeye's Lady's Book[123], Peterson's und andere sorgten ungeachtet ihrer Herkunft, also meistens ohne Benennung, für ihre Verbreitung.[124] Diese Publikationen wendeten sich in erster Linie an die in den Städten lebenden Frauen und richteten sich wenig nach den Bedürfnissen der Pionierfrauen auf dem Land. Bis 1850 wurden vorrangig Stickmuster abgedruckt und erst in der zweiten Jahrhunderthälfte widmete man sich der Publikation dekorativer Patchworkmuster. Sie waren vor allem für Seidenpatchwork gedacht, die nach englischem Vorbild über Papierschablonen zu »all over«-Mustern genäht wurden. Diese Seidenpatchworkdecken, und späteren Crazy-Quilts, lösten die baumwollenen Applikationsquilts in ihrer Bedeutung als elegante, dekorative Paradedecken ab. Mit ihnen wurde das Patchwork zum modischen Zeitvertreib gutsituierter Damen.

Lediglich in den ländlichen Gebieten und im Westen der Vereinigten Staaten hatte der Patchworkquilt ungebrochen seine populäre Funktion als praktischer und schöner Gegenstand zu erfüllen und wurde in diesem Sinne auch noch genäht.

Die Beobachtung, daß man sich während des Kampfes um die Unabhängigkeit selbst in der Gestaltung der Patchworkquilts um ein Höchstmaß an Eigenständigkeit bemühte und nach dem Erreichen der gesetzten patriotischen Ziele, wenigstens in den besser gestellten Kreisen, wieder auf den dekorativen Einfluß des englischen Mutterlandes zurückgriff, erscheint kurios. Man kann dieses Phänomen wohl nur dadurch erklären, daß die Mode immer noch in Paris und London diktiert wurde, so daß man sich ihr anpassen mußte, wenn man nicht als rückständig gelten wollte. Dieser Trend wurde auch von den Magazinen unterstützt und erreichte letzten Endes auch nur jene, die nicht mehr in dem Maße mit dem Aufbau befaßt waren, wie zum Beispiel die Frauen, die mit ihren Männern nach Westen gezogen waren, um eine neue Existenz zu gründen. So unterschiedlich wie das Bild des Lebens im Amerika des 19. Jahrhunderts gezeichnet werden muß, so unterschiedlich sind auch die Quilts.

Log Cabin-Patchworkmuster

Die Technik des Patchworknähens gab den Gebrauch geometrischer Grundformen zur Musterbildung vor. Ausgangspunkt war das Bett, dessen rechteckige Form naheliegenderweise maßgebend für die Gestaltung der Bettdecke war. Das Spiel mit Farben und Stoffen ergab schließlich die Wirkung des Oberflächenmusters und hatte den Hauptanteil an der endlosen Variationsbreite schlichter bis komplizierter Kompositionen. Von einem »all over«-Muster verschluckt oder als Motivreihung, schachbrettartig, in Streifen oder Diagonalen angeordnet, wurden die geometrischen Elemente zumeist in einem Blocksystem organisiert. Auf diese Weise konnte mit einem Minimum an Aufwand ein Maximum an praktischem Nutzen und dekorativer Wirkung erreicht werden.[125]

Besonders variabel und seit der Jahrhundertmitte besonders populär war das Log Cabin-Muster (Blockhüttenmuster). Es war nicht nur aus praktischen und ästhetischen Erwägungen heraus so beliebt. Als textile Interpretation des Blockhüttenbaus, dem in den Pioniertagen an der Westgrenze eine große Bedeutung zufiel, übersetzte dieses aus Streifen zusammengesetzte Muster die Konstruktionsprinzipien der Blockhütte in Stoff. Das Prinzip des Blockhüttenbaus hatten schwedische Einwanderer bereits 1638 in die Neue Welt importiert. Wie alle anderen europäischen Konzepte, ob funktional oder emotional, wurde auch die schwedische Bautechnik den neuen Bedingungen angepaßt, so daß schließlich für Handwerker – und Patchworker – eine einfache, klar definierte Konstruktionsmethode geschaffen war. Auf ihrem Zug nach Westen bauten die Pioniere zuerst immer die Blockhütte als Schutz vor der Wildnis und als Heim für ihre Familien. So war diese Hütte und das entsprechende Patchworkmuster ein Symbol des patriotischen Engagements, auch wenn die Frauen, die einen Log Cabin-Quilt nähten, noch nicht einmal unbedingt persönliche Erfahrung mit dem Leben an der Grenze haben mußten. Es stand auch als eine Art Solidaritätsbekundung mit den Menschen, die sich direkt für die Eroberung des Westens einsetzten, und signalisierte patriotische Betroffenheit.[126]

Traditionelle Log Cabin-Blocks wurden, im Gegensatz zu herkömmlichen Patchworkmustern, vorwiegend auf ein Grundquadrat aus Stoff genäht. Das Zentrum bildet ein kleines Quadrat, dessen Farbe gleichbleibend, meistens rot, über den ganzen Quilt, den Feuerplatz des Hauses, den Herd, Kamin oder Ofen sym-

bolisiert. Um dieses Quadrat, den zentralen Ort des Lichtes und der Wärme, werden die Stoffstreifen ineinandergreifend genäht. Der Grundblock wird beispielsweise als ein in eine helle und eine dunkle Seite diagonal geteiltes Quadrat gestaltet. Die Zusammenstellung der Grundblöcke erlaubt eine Fülle streng geometrischer, sehr dynamischer Muster. Neben der Anordnung der Blocks bewirken natürlich auch die Breite der Streifen und die Auswahl der Stoffe die individuelle Erscheinung des jeweiligen Log Cabin-Quilts. Anfangs wurden selbstgewebte und gefärbte Woll- und Leinenstoffe, später Baumwolldrucke und schließlich Samt und Seide verarbeitet. Der praktische Vorteil des Log Cabin-Patchworks lag sicher nicht nur darin, daß man kleinste Stoffreste darin verwerten konnte, sondern auch in der Möglichkeit, ihn ungequiltet und ungefüttert benutzen zu können.

In der Benennung der sich bildenden Muster bezogen sich die Frauen oftmals auf wichtige Elemente des Lebens in der Wildnis und diese Namen blieben auch für die Log Cabin-Quilts verbindlich, die in den Städten und an der Ostküste entstanden. Ein sich über den gesamten Quilt ausbreitendes Diamantmuster in Hell-Dunkel-Kontrasten trägt den Namen »Barn Raising« (Abb. 75). Es geht damit auf die für

122

76 Log Cabin
„Pineapple",
Mennonite,
Pennsylvania,
um 1870, 212x185.
Quilt-Galerie Verena
Klüser, München

das soziale Zusammenleben der Siedler so wichtigen Versammlungen ein, in denen man sich gegenseitig emotionale Unterstützung gab und praktische Hilfe anbot, um die Schwierigkeiten während der Besiedlung westlicher Territorien überhaupt meistern zu können.

Sich über die ganze Quiltoberfläche erstreckende Diagonalen in hellen und dunklen Tönen wurden »Straight Furrow« betitelt und symbolisieren die Ackerfurchen oder Pflanzreihen der Farmer, die Mühsal der Pioniere, dem eben urbar gemachten Boden Früchte abzuringen.

»Zig Zag«, »Streak of Lightning« oder »Running Fence« sind die möglichen Benennungen eines ausgreifenden Zickzackmusters. Auch sie greifen auf alltägliche Phänomene innerhalb des Siedlerlebens zurück, gleichgültig ob es dabei um Blitz und Donner während eines Unwetters oder die Eingrenzung und Sicherung des eigenen Grund und Bodens ging. Beides war wichtig genug, um Anregung zu sein. Dasselbe gilt für die vielen Windmühlen, deren Stilisierung sich bemerkenswert häufig in Patchworkmustern und besonders auch als Log Cabin wiederfinden läßt (Abb. 78).

Es boten sich viele Möglichkeiten, die entstehenden Muster in Beziehung zum täglichen Leben zu setzen – wenngleich es auch nicht zwingend so sein mußte. »Courthouse Steps« oder »Pineapple« (Abb. 76) sind gute Beispiele dafür. Ihr Grundquadrat weist darüber hinaus auch eine andere Farbeinteilung auf als die bisher besprochenen Varianten. Die Streifen werden, sich zum Zentrum hin verjüngend, treppenartig ineinandergreifend von vier beziehungsweise acht Seiten her angeordnet. »Pineapple« galt immer als Symbol der Gastfreundlichkeit und war aus diesem Grund sehr populär.[126]

124

Log Cabin muß als eines der beliebtesten Patchworkmuster der zweiten Hälfte des 19. Jahrhunderts angesehen werden, wobei häufig die Assoziation patriotischer Ideale der Zeit etwas schwer fällt, wenn man zum Beispiel an die dekorativen Log Cabin-Bettüberwürfe in den Wohnzimmern der bürgerlichen, gutsituierten Städter denkt. Dort waren bunte Schleifen- und Taftbänder mit Samt, Seide und Brokat, womöglich noch in Kontrast zu schwarzem Satin, verarbeitet worden. Doch auch diese prächtige Variante steht dem Log Cabin-Muster ganz besonders gut (Abb. 77).

Sterne als Patchworkmuster

Seit dem ausklingenden 18. Jahrhundert ist das Sternenmotiv unbestritten das beliebteste Patchworkmuster. Es läßt sich in über hundert verschiedenen, die Formen und Kontrasteffekte betreffenden Variationen nachweisen. Allein in dem Buch »Romance of the Patchworkquilt in America« von Carrie Hall und Rose Kretsinger werden neunzig unterschiedliche Sternenmuster vorgestellt.

Der Stern, als Zeichen und Bringer des Lichts, hat zu allen Zeiten die Phantasie der Menschen angeregt. Als christliches Symbol der Hoffnung und Verheißung stand er in seiner Mehrzahl als Synonym für Harmonie und prägte so, in dem einen

80 Star of Bethlehem, Quilt.
Museum der Stadt Alzey

81 Patchwork Top „Le Moyne Star",
um 1930, 250x202.
Privatbesitz Rosa Dames, Berlin

wie anderen Sinne, besonders nachdrücklich die Vorstellung der Pioniere in der Neuen Welt. Neben der primär positiven Symbolik des Sterns oder Sternenmusters scheint es fast von zweitrangiger Bedeutung zu sein, ob sich der Name aus Natur, Bibel oder Politik ableiten ließ. Die unterschiedliche Benennung gleicher Sterne oder die gleiche Benennung verschiedener Sterne war meistens von aktueller, regionaler Bedeutung und ist in den seltensten Fällen heute noch nachvollziehbar. Lediglich ihr durchweg optimistischer Gehalt blieb über die Generationen hinweg unbeschadet und wirklich relevant. An exponierter Stelle verdeutlicht sich bis heute die Vorliebe der Amerikaner für das Sternensymbol: in der Nationalflagge der Vereinigten Staaten steht für jeden Staat der Union ein Stern.

Für die Gestaltung eines Patchworkquilts bot der Stern schon von seiner Form her fast unendlich viele Gestaltungsmöglichkeiten. Vom zentralen Einzelmotiv, das die gesamte Schauseite des Quilts beherrscht (Star of Bethlehem, Abb. 80, Blazing Star, Broken Star) bis zur Aneinanderreihung als kleinteiliges Muster (Variable Star), von der Kombination kleiner und großer Sterne (Star of Bethlehem mit Star of Le Moyne) bis zur Gliederung eines Musters in Sternengruppen (sieben Sterne der Plejaden)[127] oder in vier oder sechs größere Einzelsterne (Touching Stars) waren alle Varianten populär. Jedes Sternen-Patchworkmuster wurde, einmal abgesehen von seiner Dekorativität, bestimmt auch als Ausdruck besonderer Hoffnungen und guter Wünsche von den Frauen genäht.

Grundformen aller Patchworksterne sind Raute und Quadrat in verschiedener Anordnung und in der Kombination mit Dreiecken aller Grade. Zusätzlich liegt ihre Vielfalt in den endlosen Kombinationsmöglichkeiten kontrastierender Farben. Der beliebteste und große Könnerschaft der Näherin erfordernde Stern war der aus Rauten gebildete achtzackige »Le Moyne Star« (Abb. 81). Er wurde nach den Le Moyne Brüdern, die 1718 die Stadt New Orleans gegründet hatten, benannt und auch als »Star of Le Moyne« und in Neu-England als »Lemon Star« bezeichnet. Seit 1793 ist er konkret als Patchworkmuster, aus dem sich in der Folge viele herrliche Sternvariationen entwickelten, nachweisbar.[128] Sein sechszackiger Verwandter, ebenfalls aus Rauten gebildet, ist der »Morning Star«.[129] Bei dem unter den Namen »Star of Bethlehem«, »Blazing Star«, »Star of the East« oder »Broken Star« bekannten Muster wurden aus dem zentralen achtzackigen Rautenstern großflächige, sich über den gesamten Quilt ausdehnende Sterne gearbeitet. In besonders strahlenden und kühnen Farbzusammenstellungen stehen sie auf dunklen oder hellen Hintergründen. Kleinere Patchworksterne, applizierte Motive aus Flora und Fauna und besonders schöne und fein genähte Stepparbeiten begleiten diese großartigen Sterne häufig in den sie umgebenden freien Feldern und an den Randstreifen. Als »Sunburst« bezeichnet man jene sehr beliebten »Farbexplosionen«, in denen hunderte von rautenförmigen Flicken von dem achtzackigen

82 Patchworkquilt mit dem
zum „Feathered Star"
erweiterten „Variable
Star", spätes 19. Jh.,
259x208.
American Museum in
Britain, Claverton
Manor, Bath

Grundstern bis zu den Kanten in einem riesigen Rad ausstrahlen (Abb. 79). Für die Anfertigung der Rautensterne war äußerste Präzision notwendig, denn jede Ungenauigkeit, die sich beim Zuschneiden oder Zusammensetzen der Teile einschlich, multiplizierte sich in dem Maße wie der Stern wuchs. Paßten die Kanten und Ecken nicht exakt zusammen, bildete sich in der Mitte eine Beule und der Rand schlug Falten, so daß das Ganze sich nicht flach ausbreiten ließ. Man versuchte diesen

83 *Patchwork Top „Texas*
    Star", dazu Detail des
    Musters, um 1930,
    235x180.
    Privatbesitz Rosa Dames,
    Berlin

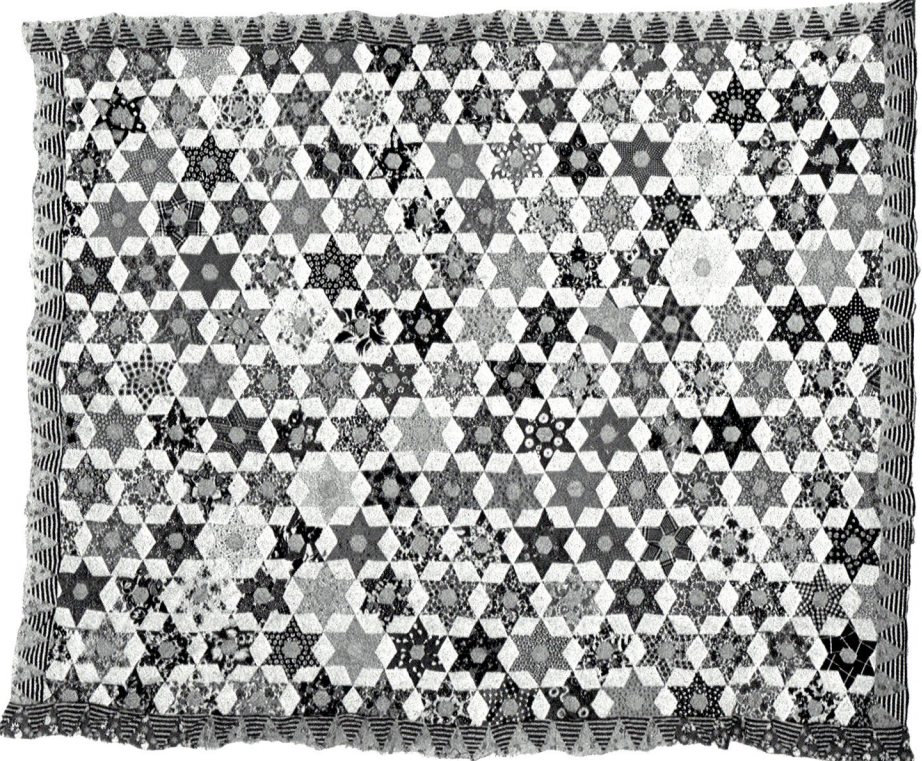

Schwierigkeiten mit dem besonders korrekten Nähen der Teile über Papier-schablonen zu begegnen. Doch bis heute sind ungezählte Patchworkfragmente des »Star of Bethlehem« erhalten, die wegen eines winzigen Fehlers unvollendet blieben.[130]

Schon seit dem Jahr 1775 begegnet uns der »Variable Star« als Patchworkmu-ster.[131] In einem quadratischen Block eingeschrieben, wird dieser achtzackige Stern aus einem zentralen Quadrat und acht Dreiecken gebildet. Er ist sehr viel einfacher als der »Star of Le Moyne« zu nähen und fast ebenso populär. Auch wenn er hin und wieder als großflächiges Einzelmotiv einen Patchworkquilt beherrscht, wurde er doch sehr viel häufiger als Block, abwechselnd mit unifarbenen Blöcken, im Rand oder in den Ecken verarbeitet. Umgeben mit einem aus kleinen Dreiecken kontrastierender Farbe gebildeten Streifen wurde er zum gefiederten Stern, zum »Feathered Star« (Abb. 82). Aus dem Konstruktionsprinzip des »Variable Star« bildeten sich die meisten Sternvariationen, indem sich die Proportionen der einzelnen Elemente zueinander veränderten oder der Grundstern als Zentrum aufgefaßt und mit weiteren Zackenrändern eingefaßt wurde. Fünf- oder Sechsecke bildeten den Ausgangspunkt für fünf- oder sechszackige Sterne.[132] Die Vielfalt, die an dieser Stelle gar nicht anschaulich genug dargestellt werden kann, spiegelt sich in einer ungeheuren Fülle von Sternenquilts wider, die seit der Mitte des 19. Jahrhunderts in großer Zahl erhalten sind (Abb. 83).

Als Sonderform des Sternenmotives gehört das Muster »Mariner's Compass«, auch als »Sunburst«, »Sunrising« oder »Sunflower« bezeichnet, in diesen Zusammenhang.[133] Das ursprünglich inspirierende Motiv sind möglicherweise die Kompaßrosen auf alten Seekarten gewesen, die vor allem von den Frauen in den Küstengebieten zum Patchwork- oder Applikationsmotiv entwickelt wurden. Mit normalerweise nicht weniger als vier und nicht mehr als zweiunddreißig sehr schmal und spitz zulaufenden Strahlen, die sich meistens um einen Kreis oder ein Sechseck anordnen, erforderte es hervorragendes handwerkliches Geschick bei der Gestaltung und Ausarbeitung. Auch hier empfahl sich die Papiereinlage als nützliches Hilfsmittel beim Zusammennähen und Applizieren. Der Unterschied in der Benennung als »Mariner's Compass«, der unabhängig von der Strahlenzahl immer vier einander gegenüberliegende Hauptstrahlen hat, oder als Stern oder Sonne, ist letzten Endes dem subjektiven Ermessen des Quiltmachers oder Betrachters überlassen (Abb. 84).

Es wurde jedoch der Vorschlag gemacht, die Unterscheidung von der Technik her zu systematisieren, indem das zusammengesetzte Motiv als »Mariner's Compass«, das applizierte Motiv als Stern oder Sonne angesprochen werden sollte.[134] Dieses Beispiel macht deutlich, wie schwierig es ist, die unterschiedlichen Sternenmotive verbindlich zu kategorisieren. Es stellt sich generell die Frage, ob dieses Bestreben überhaupt sinnvoll ist. Den Patchworkerinnen wird es ziemlich gleichgültig gewesen sein. Populäre Muster hatten dank ihrer weiten und häufigen Verbreitung feststehende Namen, die jeder kannte, wie der »Star of Bethlehem«. Andere Sterne trugen Namen, die sich durch die Anschauung eindeutig ergaben, wie »Feathered Star«, »Broken Star« oder »Touching Stars«. Den meisten Namen liegen jedoch phantasievolle Assoziationen zugrunde, und deshalb wird die vorausgegangene Beschreibung der Sternmuster-Typen ausreichen, um sich in den Erscheinungsformen der Patchworksterne zurechtzufinden.

Freundschaftsquilts und Albumquilts

Seit 1830 setzte unter dem Druck neuer Einwanderungswellen aus Europa der Zug in den nordamerikanischen Westen verstärkt ein. Den Pionierfrauen, die mit ihren Männern auf der Suche nach einer neuen Existenzgrundlage über die Appalachen und Alleghenies westwärts zogen, kam die wachsende Verbreitung sogenannter Frauenmagazine seit den frühen dreißiger Jahren des 19. Jahrhunderts zugute. Diese blieben oft für sehr lange Zeit ihre einzige Verbindung zur eben verlassenen Zivilisation. »Godey's Lady's Book Magazine« war wohl das populärste Magazin dieser Art, das über Mode, Stickmuster und andere Handarbeiten, Kochrezepte und Haushaltstips hinaus auch Geschichten, Gedichte und Lieder publizierte. Die einzelnen Ausgaben wurden wieder und wieder gelesen, gesammelt und weitergereicht.

Der Aufbruchstimmung der Zeit entsprechend, in der die Trennung von nahen Verwandten oder Freunden in nahezu allen Familien an der Tagesordnung war, wurde der Freundschaftsbegriff vor allem in den Frauenzeitschriften romantisierend verklärt. Dieser Zeitgeist drückte sich auch in der weiten Verbreitung von Poesiealben aus, in denen echte Freundschaft durch einen Eintrag demonstriert und, unter dem Einfluß der Verse und Reime aus »Godey's Lady's Book Magazine«, auch angemessen formuliert werden konnte. Der Mode folgend nähten amerikanische Frauen zwischen 1840 und 1875 mit besonderer Vorliebe Freundschaftsquilts.[135] Sie entsprachen in ihrem Aussehen den normalen Gebrauchsquilts, deren Patchworkblocks aus bunten Baumwollstoffen, Resten von Kleidern und Wäsche genäht wurden (Abb. 86). In den Blocks der Freundschaftsquilts blieb jedoch immer ein weißes Feld für eine Eintragung reserviert. Auf dem Höhepunkt ihrer Popularität, in den vierziger und fünfziger Jahren, bestanden diese freundschaftlichen Widmungen nicht nur aus Name, Ort und Datum, sondern auch aus Versen, Liebesbotschaften und guten Wünschen, die in ihrer Formulierung ganz offensichtlich von Magazinen und Poesiealben inspiriert waren. Sogar Altersangaben oder Erinnerungen an die Geburt oder den Tod eines Kindes wurden notiert. Mit Füller oder Feder und waschechter Tinte, in Schreib- oder Druckschrift, schrieb man den Eintrag auf den Stoff. In Gegenden von Maryland, Pennsylvania und New Jersey war es darüber hinaus sehr beliebt, den Namenszug innerhalb feiner, detaillierter Zeichnungen von Blättern, Vasen, Blumen, Vögeln und Brunnen zu verstecken. Mit den sechziger und siebziger Jahren reduzierten sich die Widmungen schließlich auf die Namen, häufig nur noch auf Initialen, die höchstens um Ort und Datum ergänzt wurden. Die Signatur wurde mit Vorliebe gestickt und viel selbstbewußter und größer als vordem ausgeführt. Auch der Eintrag mit einem Handstempel war durchaus üblich.

Das Freundschaftsgefühl, aus dem heraus man seinen Beitrag für einen Freundschaftsquilt leistete, war im Laufe der Jahre sicher nicht geringer geworden. Trotzdem spiegeln sich in den Freundschaftsquilts die Veränderungen, die das Patchworkquiltnähen generell in der zweiten Hälfte des 19. Jahrhunderts betrafen, besonders deutlich wider. Man hatte unter den Auswirkungen des Bürgerkriegs zu leiden, und als dieser vorbei war, sank die Popularität der Freundschaftsquilts zugunsten anderer Patchworkmoden, zum Beispiel der Crazy-Quilts.

Es gab mehrere Möglichkeiten, einen Freundschaftsquilt herzustellen, wobei die Näherin die Regeln hierfür selbst festlegte. Sie konnte die Blöcke selber nähen, die Namen darauf eintragen und sie zusammensetzen und sich ausschließlich beim

86 Freundschaftsquilt
    „Chimney Sweep“,
    dazu Detail,
    Connecticut, um 1840.
    Privatbesitz Dorle
    Stern Straeter, Jeddah

Steppen von der Familie oder Freundinnen helfen lassen. Diese Art traf vornehmlich dann zu, wenn eine Frau ein Patchwork im Andenken an einen Verstorbenen aus dessen Kleidern arbeitete. Denkbar war es auch, daß sie nur die weißen Stoffteile an Freunde und Verwandte verteilte oder verschickte und sie bat, zu signieren. Natürlich geschah dies mit genauer Anweisung über die Form, wie das zu geschehen hatte, damit sich eine Einheitlichkeit erreichen ließ. Es blieb im weiteren ihre Arbeit, die Blöcke zu nähen und zusammenzufügen. Schließlich konnte der Auftrag soweit reichen, daß nur das ausgewählte Patchworkmuster angekündigt wurde, woraufhin dann jeder, der in dem fraglichen Quilt verewigt sein wollte, den erforderlichen Block aus eigenen Stoffen nähte. So vielfältig die Möglichkeiten auch sein mochten, so fällt doch auf, daß sich die Ergebnisse über bestimmte Gegenden und Zeiträume hinaus sehr ähneln. Im Laufe der Zeit ergaben sich besonders geeignete »Standardmuster« für Freundschaftsquilts, wie »The Chimney Sweep« oder »Album Patch«. Doch jedes andere populäre Patchworkmuster, wie Log Cabin, »Nine Patch«-Variationen oder Sterne, hätte sich genauso gut geeignet und wurde doch sehr viel seltener dazu ausgewählt.

Normalerweise entsprach die Bedeutung und Wertschätzung eines Freundschaftsquilts dem sentimentalen Anspruch an ein Poesiealbum. Die möglicherweise verarbeiteten Reste eines Kleidungsstückes der geliebten Person steigerten den Wert natürlich noch. Die Frauen nähten den Freundschaftsquilt für sich selber, wobei es Jahre dauern konnte, bevor endlich die vielen gesammelten Widmungen oder Blöcke zusammengesetzt wurden, oder als Abschiedsgeschenk und Erinnerungsstück für liebe Verwandte oder Freunde. In ihrem Aussehen und in ihrer Machart den Gebrauchsquilts sehr nahestehend, wurden sie jedoch sehr viel sparsamer gequiltet als diese, da sie nicht benutzt wurden. Als dekoratives Andenken lagen sie meistens in der Aussteuertruhe oder als Schmuckdecke auf dem Bett. Exemplare, die ähnlich ausführlich mit Steppmustern verziert sind wie ihre »feinen Verwandten«, die Albumquilts, findet man nur selten.

Die prächtigen Albumquilts,[136] die gleichzeitig mit den schlichten Freundschaftsquilts den Höhepunkt ihrer Beliebtheit erreichten, wurden aus den gleichen Beweggründen genäht wie diese (Abb. 87). Sie waren vielleicht gezielter mit bestimmten Ereignissen verbunden: als Hochzeitsquilt Geschenk der Freundinnen an die Braut, als Freedomquilt zum 21. Geburtstag des jungen Mannes, als Dank an den Geistlichen der Gemeinde, als Andenken an den scheidenden Freund, als Erinnerung an bestimmte regional-historische Ereignisse und so fort. Themen und Symbole gab es genug, um sie in Applikations- oder Patchworktechnik aus bunten Baumwollstoffen auf weißen Stoffquadraten zu gestalten. Diese meistens von verschiedenen Frauen angefertigten und signierten Blöcke wurden in einem Raster vertikaler und horizontaler Reihen angeordnet. In der Gemeinschaft quiltete man

136

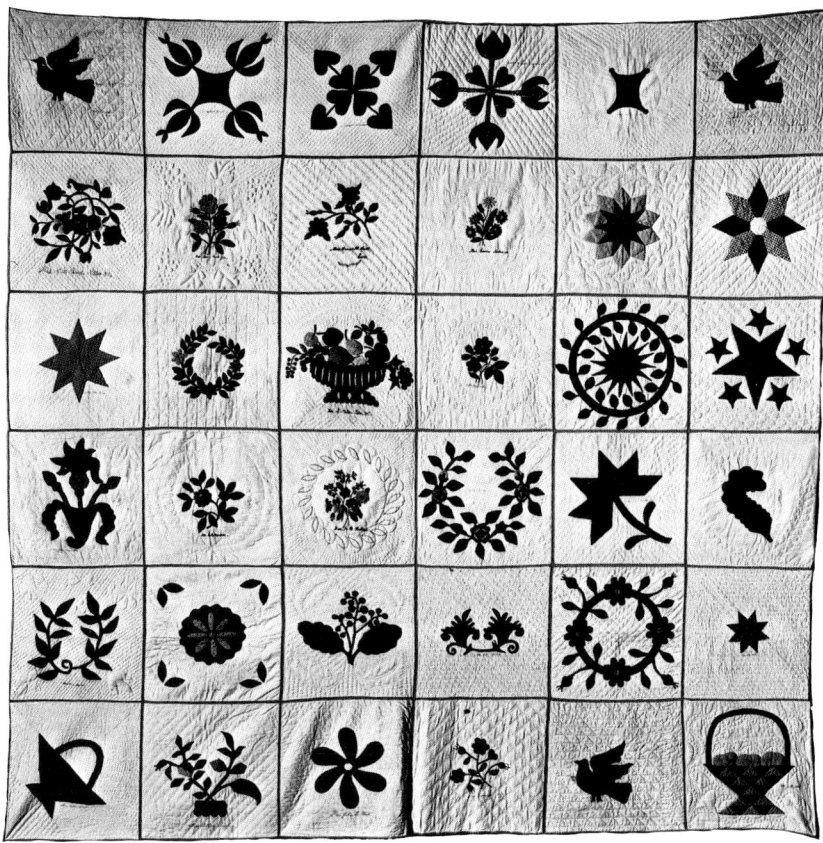

87 *Album Quilt aus Vermont, dazu Detail, 1870, 220x220. Badisches Landes-museum, Karlsruhe*

die zusammengefügte Decke mit geometrischen oder die applizierten Motive ergänzenden Mustern.

Die Applikationen, und seltener Patchwork, wurden aus unifarbenen und gemusterten Baumwollen, Kalikos und Dekorationschintzen gearbeitet. Dabei kamen entweder ganze Druckmotive wie Blumen oder Vögel im Stil der »Broderie Perse« zu Geltung oder die Motive wurden unter geschickter Ausnutzung der Stoffmuster und Strukturen ausgeschnitten und appliziert. Sogenannte Regenbogendrucke oder auch winzige Streumotive auf einem dominierenden Farbgrund trugen ganz erheblich zur Lebendigkeit der Bilder bei. Der Vergleich mit Applikationen, die nur aus einfarbigen Stoffen genäht wurden und eher plakativ wirken, macht den Unterschied deutlich. Welcher Grad der realistischen Darstellung erreicht wurde, hing von den individuellen Fähigkeiten und Erfahrungen der Näherin im Umgang mit Stoffen ab. Eine Mary Evans Ford oder Achsa Godwin Wilkins aus Baltimore waren sehr perfekt und so bekannt dafür, daß sie im Auftrag ganze Albumquilts und auch einzelne Blöcke für andere nähten. Die »Pennsylvania Dutch«-Frauen bevorzugten dagegen ganz bewußt eine stilisierende Form des Ausdrucks, die den Traditionen in der deutschen Volkskunst mehr entsprachen und nicht weniger dekorativ zu sein brauchten.[137] Viele ihrer Blumen- und Blattmotive sowie Menschen- und Tierdarstellungen erinnern stark an die pittoresken Szenen auf den böhmischen Flickendecken des 18. Jahrhunderts. An alten Papierschnittechniken orientierte Motive könnten auch dort ihre Quellen haben. Innerhalb dieser Extreme bildeten sich die unterschiedlichsten Stile heraus, die stark von dem handwerklichen Können der einzelnen geprägt wurden. Letzten Endes glichen sich alle Albumquilts, gleichgültig ob sie in Maryland, an der Atlantikküste oder in Ohio genäht wurden, auf den ersten Eindruck sehr stark in Aufbau und Farbgestaltung. Auflockerungen des immer gleichen Systems, wie beispielsweise die Gliederung durch ein diagonal angelegtes Rahmengitter oder die Herausstellung eines Zentralmotives, scheinen eher eine individuelle Entscheidung als ein allgemein angestrebtes Ziel gewesen zu sein.[138]

Hauptmotiv der Albumquilts sind natürlich Blumen – in Vasen, Körben und Füllhörnern, zu Sträußen, Kränzen und Herzen gewunden. Vielfältige Blattmotive, Zweige und Ranken sowie Vögel und Schmetterlinge kommen als dekorative Elemente hinzu. Gerade die floralen Themen kommen gleichartig in den Applikationsquilts der zweiten Jahrhunderthälfte vor. Diese Decken, in den eindeutig dominierenden Farbstellungen Rot und Grün auf weißem Grund, waren um 1850 als Paradedecken in Mode gekommen. Sie zeigen meistens eine Reihung des immer gleichen Blumen- oder Rankenmotives und sind in der Regel besonders fein gequiltet. Diesen Typus von Quilt gab es auch in Patchworktechnik, zum Beispiel im Muster der »Carolina Lily«. Während hier die Wiederholung den gestalterischen

Reiz ausmachte, war es in den Albumquilts die Vielfalt, in der sich normalerweise kein Block wiederholen durfte. Entsprechend erweitert sich in den Albumquilts der Kanon auf pittoreske Szenen, die oft genug vielleicht sogar den Anlaß zum Nähen des Quilts geboten hatten. Embleme der unterschiedlichsten Vereinigungen, Architekturen und historische Monumente, Verkehrsmittel, wie Eisenbahn und Schiff, und sogar das Buch, wie Bibel oder Poesiealbum, fanden ihren Platz auf diesen farbenfrohen Decken.

Die Hochburg der anerkannt schönsten Albumquilts war in den vierziger und fünfziger Jahren des 19. Jahrhunderts die Stadt Baltimore im Staat Maryland. Hier hatten sich überwiegend Methodisten-Frauen auf ihre Herstellung spezialisiert (Abb. 85). Da noch recht viele erhalten und von einzigartiger Qualität sind, ließ sich ihr komplexer sozialhistorischer Hintergrund eingehend studieren. Anhand der Signaturen, im Vergleich mit anderen Dokumenten, ließ sich das Leben der Frauen, die sie schufen, teilweise nachvollziehen. Die Darstellungen vieler Blöcke nehmen in ihrer Thematik sehr anschaulich Bezug auf bemerkenswerte Ereignisse der Stadtgeschichte. All dies verleiht den Decken einen unschätzbaren dokumentarischen Wert. Die Stadt Baltimore würdigte diese Tatsache im Jahre 1982 mit einer Ausstellung von 24 Baltimore Albumquilts – einer Fülle stilgleicher Quilts, die in diesem Umfang, für eine derart begrenzte Region, heute schwerlich von irgendeiner anderen Gattung von Quilts gleich herausragender Qualität zusammengetragen werden könnte.

Crazy Quilts

Crazy Patchwork wurde in der Zeit seiner Popularität auch als Puzzle-Patchwork oder japanisches Patchwork bezeichnet.[139] Doch als »crazy«, im Sinne von »verrückt« oder in der Bedeutung von »zersprungen«, wie die unregelmäßigen Scherben einer zerborstenen Keramik, wurde es bekannt.

Man nähte Crazy Quilts aus unregelmäßig geformten, bunten Flicken meist sehr kostbarer Stoffe und bestickte sie anschließend mit Zierstichen und Motiven. Ihrem Namen zum Trotz wurden die Stofflagen der Crazy Quilts nicht gequiltet, sondern geheftet oder durchgeknotet, denn die verarbeiteten Stoffe waren häufig zu dick, um sie in der für ein Quiltmuster erforderlichen Weise durchstechen zu können.

Es wurde lange Zeit behauptet, daß das Zusammennähen wahllos geformter Stoffstücke die ursprünglichste Patchworktechnik überhaupt sei und daß die ersten nordamerikanischen Siedlerfrauen schon solche Quilts genäht hätten. Diese These wurde vermutlich von Ruth Finley[140] aufgestellt. Sie meinte, daß diese Technik zu einer Zeit, wo jedes Stückchen Stoff aus Europa importiert werden mußte und jeder Flicken zu kostbar war, um ihn wegwerfen zu dürfen, sehr verbreitet gewesen sein muß. Diese Version ist zwar von vielen Autoren übernommen worden, erwies sich aber zunehmend als unhaltbar. Es gibt kein erhaltenes Beispiel eines Crazy Quilts oder andere konkrete Hinweise darauf aus der frühen Kolonialzeit. Das Crazy Patchwork muß mit aller Sicherheit als eine Erfindung des viktorianischen Zeitalters in den USA angesehen werden.

In der zweiten Hälfte des 19. Jahrhunderts galten Woll- oder Baumwollquilts als altmodisch. Da die Seidenmanufakturen zu dieser Zeit auch in Nordamerika expandierten und das kostbare Material damit zunehmend erschwinglicher wurde, galt es als schick, Seidenpatchwork[141] zu nähen. Frauenmagazine und Anleitungsbücher unterstützten diesen Trend, indem sie besonders die englische Schablonentechnik für Seidenpatchwork propagierten (Abb. 89).[142] Doch auch das Log Cabin-Muster kam in Seide zu neuen Ehren, denn man liebte es, mit den Kontrasten dunkler und leuchtender Farben zu arbeiten. In den siebziger Jahren wurden diese eleganten Decken jedoch durch Crazy Quilts genauso verdrängt wie vorher die gewöhnlichen Baumwollquilts – beide galten in den USA als nicht künstlerisch genug.

In einem bis dahin noch nie dagewesenen Umfang wurden 1862 auf der Weltausstellung in London und 1876 in Philadelphia die japanische Kunst und Kultur vorgestellt. In Philadelphia war der japanische Pavillon mit 9,5 Millionen Besuchern der erfolgreichste Stand der Messe. Das Japanische wurde sofort zum letzten

88 Hausschuhe mit „Fancy Work", England, Ende 19. Jh. Museum of Costumes and Textiles, Nottingham

89 *Tumbling Cubes*
   Coverlet, England,
   1910-1930, 150x100.
   Privatbesitz Barbara und
   Paul Clemens, Köln

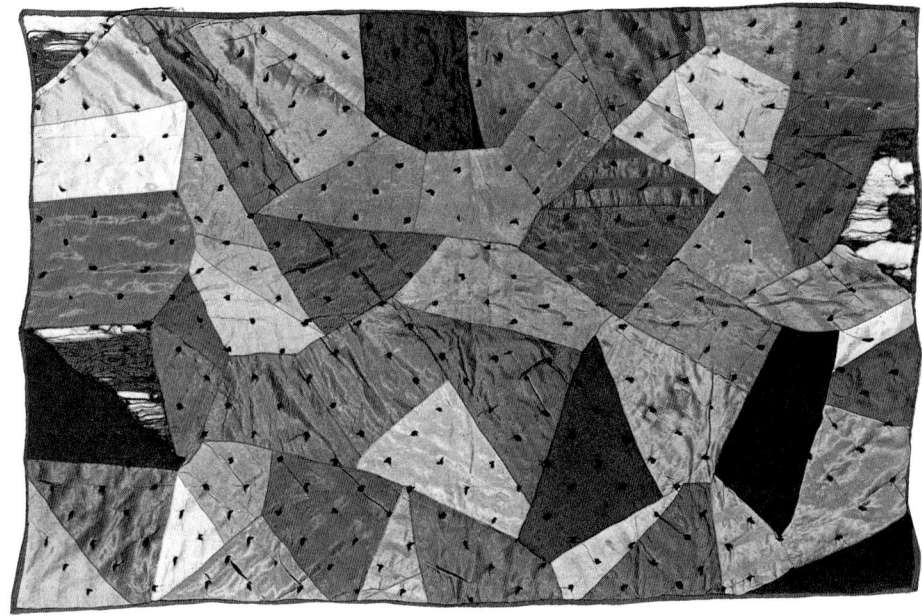

Modeschrei und spiegelte seinen Einfluß in Tapeten, Textilien, Innendekorationen, Accessoires und Literatur wider.[143] An dem Crazy Patchwork, in Quilts wie an Gebrauchsgegenständen vom Hausschuh bis zum Kissen, die auch als »Fancywork« bezeichnet wurden, demonstrierten die Frauen ihren Mut, mit den neuen Stilen und Anregungen zu experimentieren (Abb. 88). Sie paßten vorzüglich in die Innenräume der damaligen Zeit, die mit schweren Stoffen und dunklem Holz, Polstermöbeln und unendlich viel Nippes ausgestattet waren. Das Interesse daran, seine Wohnung künstlerisch zu gestalten, war Teil einer in den sechziger Jahren aus England gekommenen ästhetischen Bewegung unter der Führung von Künstlern wie John Ruskin und William Morris. Man glaubte, daß ein schönes Heim sich günstig auf die Moral und Produktivität seiner Bewohner auswirke. Darüber hinaus herrschte das Ideal, daß man aus »Nichts« auch noch etwas Schönes machen müsse, und jede Frau, die auf sich und ihren guten Ruf hielt, bemühte sich voller Eifer darum, aus allen nur denkbaren Materialien künstlerisch wertvolle Gebrauchsartikel herzustellen.[144]

Dieses Bestreben scheint auf dem Land genauso weit verbreitet gewesen zu sein wie in den großen Städten, auch wenn die verfügbaren Materialien etwas anders aussahen. Daß diese ganze Bewegung bis in alle Details mit Ratschlägen, Anleitungen, Geschichten, Gedichten, Tips zur Gestaltung von Crazy Teaparties und Blumenbeeten im Crazy Stil von Frauenmagazinen und den neuen Kunst- und Einrichtungszeitschriften[145] unterstützt wurde, versteht sich fast von selbst.

Das Gestaltungsprinzip des Crazy Patchworks lief darauf hinaus, möglichst bunt, vielfältig und kostbar zu wirken (Abb. 90, 92). Das Aufeinandertreffen gerader Kanten und Ecken sollte dabei möglichst vermieden werden. Die Flicken wurden dazu, ähnlich dem Log Cabin, mit einem ersten Stoffstück beginnend, um das sich alle weiteren fügen, auf einen Grundstoff aufgenäht. Dieser hatte entweder bereits die endgültige Größe oder war als Block oder Streifen zugeschnitten. Die dekorative Planung eines Crazy Quilts im Stil eines Medaillon-Quilts mit hervorgehobenem Zentralmotiv, als Log Cabin- oder Album-Quilt, kam genauso häufig vor wie die Anordnung der Flicken in einem regelmäßigen Raster von Rauten, Sechsecken oder anderen geometrischen Formen.

In erster Linie nähte man einen Crazy Quilt für sich selbst oder zum Verkauf. Doch dieselben Anlässe, die für die Herstellung eines Baumwollquilts ausschlaggebend waren, konnten auch hier Beweggrund sein: Taufe, Hochzeit, Abschied und

91 Fan Quilt aus Wollstoffen, um 1930. Sammlung Atef/ Schreiterer, Berlin

143

Dank, Erinnerung an geliebte Menschen oder Ereignisse. Crazy Quilts waren meistens viel kleiner als andere Quilts und wurden als reine Dekorationsstücke ohne jeden praktischen Wert aufgefaßt. Die Mischung der unterschiedlichen Materialien ließ es auch nicht zu, sie zu waschen.

Neben den Resten, die beim Schneidern neuer Kleidung abfielen, tauschte man sich unter Freundinnen und Verwandten Stoffe ein, um eine möglichst bunte Palette verschiedener Stoffqualitäten und Farben zu erhalten. Abgepackte Seidenreste konnte man über den Versand von Stoffabriken beziehen, und auch die Musterbücher der Stoffhändler waren sehr begehrt. Als besonders originell galt es, mit den unterschiedlichsten Motiven oder Aufschriften bedruckte Zigaretten- oder Zigarrenseide, Taftschleifen, Wimpel und Fähnchen oder Spitzenreste und anderes mehr in die Quilts einzuarbeiten. Um 1884, auf dem Höhepunkt der Crazy-Mode, gab es sogar regelrechte Arbeitspakete, in denen bereits zugeschnittene Teile für bestimmte Crazy-Muster angeboten wurden.

Neben der Vielfalt der einzelnen Flicken in Form, Farbe und Material, tritt die Stickerei als dominantes dekoratives Element der Crazy Quilts in den Vordergrund. In kontrastierenden Farben gefaßte Zierstiche rahmen unifarbene Felder oder gestickte, applizierte und gemalte Motive. In die englischen Crazy-Quilts wurden zusätzlich Borten, Litzen und Perlen eingearbeitet (Abb. 93).

Die Motive wurden meistens nach Vorlagen in Zeitschriften und Büchern ausgeführt und nur sehr selten von den Frauen selbst entworfen. Aus diesem Grund trifft man in den Quilts der unterschiedlichsten Gegenden immer die gleichen Motive an. Allen voran stehen die Abbildungen japanischer Blumen, Tiere und Objekte, also Iris, Kirschblüten und Chrysanthemen, Kraniche im Schilf, Eulen und Pfauen, fliegende Schwalben, Spinnen im Netz, Insekten und prachtvolle Schmetterlinge, Fächer, Vasen und Papierlaternen. Neben modischen Details sieht man viele Figuren von Kate Greenaway und heimische Tiere und Pflanzen. Die Blumenmotive orientierten sich bis zu einem gewissen Grad an den Applikationsmotiven der traditionellen Quilts, mit dem Unterschied, daß sie als Stickerei sehr viel realistischer dargestellt werden konnten. Eine »Blumensprache« war sehr weit verbreitet, in der versteckte Botschaften durch die Anordnung bestimmter Blumen zum Ausdruck gebracht werden konnten.[146]

Schon zum Ende des 19. Jahrhunderts ebbte die heftige Welle der Crazy Quilt-Mode fast genauso spontan ab, wie sie sich erhoben hatte. Man besann sich wieder auf die Vorzüge der traditionellen Baumwollquilts, die in den siebziger und achziger Jahren fast ausschließlich in ländlichen Gebieten genäht worden waren. Schon 1910 war das Interesse an den Crazy Quilts nahezu erloschen. Wo sie noch genäht wurden, entwickelten sich die einst so prunkvoll und verschwenderisch wirkenden Decken zusehends zu praktischen Quilts aus Wolle oder Baumwolle. Auch die Stickereien verschwanden zugunsten besserer Nutzbarkeit (Abb. 91).

Als echte Modeerscheinung des ausgehenden 19. Jahrhunderts kommt dem Crazy Quilt letztlich nur noch eine kulturhistorische Bedeutung zu, die den Zeitgeist einer fest umrissenen Epoche anschaulich illustriert.[147]

Amish-Quilts

Unter allen Patchworkquilts, die im 19. Jahrhundert von amerikanischen Siedler-frauen genäht wurden, nehmen die Quilts der Amish-Sekte eine herausragende Stellung ein. Ihr Erscheinungsbild entspricht in nahezu idealer Weise in Form und Farbe den Ansprüchen moderner Kunstauffassung, insbesondere derjenigen, die von der Pop- und Minimal-Art-Bewegung der sechziger Jahre unseres Jahrhunderts geprägt ist. Gerade deshalb erfreuen sich die Amish-Quilts heute einer besonders großen Beliebtheit unter den Sammlern. Neben dieser Parallele, die ja letzten Endes nur eine eher zufällige Annäherung an den heutigen Zeitgeschmack bedeutet, ist die handwerkliche Qualität der Amish-Quilts ebenso bemerkenswert wie ihre einfache und doch so dynamische Gestaltung durch reduzierte geometrische Formen und brillante, außergewöhnliche Farbzusammenstellungen. Die Begründung für die ins Auge fallende Andersartigkeit der Amish-Quilts gegenüber allen anderen Patchworkstilen in den Vereinigten Staaten liegt in der besonderen Glaubens- und Lebensweise der Amish-Sekte.

Die Wurzeln der Amish sind auf die Religionsgemeinschaft der Mennoniten zurückzuführen. Diese hatte sich im Laufe des 16. Jahrhunderts unter der Führung Menno Simons' von der protestantisch reformierten Kirche abgewandt, weil ihre Vorstellungen über deren Ziele hinausgingen. Die Mennoniten traten, wie später auch die Amish, für die Erwachsenentaufe, für Trennung von Staat und Kirche sowie gegen den Kriegsdienst, Eid und Ehescheidung ein. Die Nachfolge Christi im Sinne der Bergpredigt war für sie verpflichtende Lebensordnung und dafür wurden sie von katholischen wie evangelischen Landesherren verfolgt. Während des 16. Jahrhunderts fanden sie in den Niederlanden und in Westpreußen, nach dem Dreißigjährigen Krieg auch in Süddeutschland, Zuflucht. Seit 1683 bot sich für viele die Auswanderung nach Amerika als ein Ausweg an. Das 1682 von dem Quäker William Penn gegründete Pennsylvania gestand allen Verfolgten das Recht auf freie Religionsausübung zu. Noch in Deutschland spaltete sich 1693 unter dem Mennonitenprediger Jacob Amman eine Gruppe in der Überzeugung ab, daß sich das Leben der Mennoniten noch nicht genug von allem Weltlichen freigemacht habe. Diese Gruppe, Amish genannt, unterscheidet sich bis heute weniger durch grundlegende Glaubensfragen als durch strengere Lebensführung und Disziplin von den Mennoniten.[148] Um 1727 kamen die ersten Amish nach Amerika, andere folgten im Laufe des 18. Jahrhunderts und nochmals zwischen 1830 und 1850.[149]

94 Diamond in Square Quilt, Amish Lancaster County, um 1890, 200x194.
    Quilt-Galerie Verena Klüser, München

95 Bars Quilt, Amish Lancaster County, um 1880, 214x193. ▷
    Quilt-Galerie Verena Klüser, München

96 Carpenters Square Quilt, Mennonite Lancaster County, 1929/30, 198x198.
Quilt-Galerie Verena Klüser, München

Das Zentrum der ersten Siedlungen war Lancaster County in Pennsylvania, wo bis heute die konservativsten Gemeinschaften dieser Sekte, die »Old Order Amish«, leben. Später zogen sie weiter nach Miffin County, Pennsylvania, und schließlich über die Grenze nach Westen, zum Beispiel nach Ohio, Indiana, Illinois, Missouri, Iowa und Kanada. Das Gemeinschaftsleben in den neueren Siedlungen ist niemals so streng geführt worden wie in Lancaster, und man kann darüber spekulieren, ob sich die Gruppen auf Grund von Meinungsverschiedenheiten in andere Regionen absetzten.[150]

Im Zusammenleben als Farmer und Handwerker in ländlichen Siedlungen und Dörfern versuchen sich die Amish, geographisch und kulturell von den Nachbarn und damit von den heimtückischen Verlockungen der Welt abzugrenzen.

Nachbarn waren beispielsweise Quäker und Mennoniten, die, genau wie die Amish, zu den »plain Dutch« gerechnet werden. Als »gay Dutch« bezeichnet man jene deutschstämmigen Einwanderer, die keiner Sekte angehören.[151] Letztere akzeptierten die geistigen und materiellen Freuden des Lebens und drückten dieses auch kreativ in farbenfrohen Applikationsquilts aus. Ihre typischen Motive, wie stilisierte Tulpen oder Vögel, sind von der Erinnerung an deutsche Volkskunst geprägt.[152]

Da die Amish schon immer Geschäfte mit den »English« machten, auf die sie angewiesen waren, konnten sie sich natürlich nicht völlig zurückziehen. Sie hatten jedoch bevorzugt Kontakt zu den Quäkern und Mennoniten, die ihnen im Glauben und der äußeren Erscheinung näher standen. Dort, wo viele Amish-Siedlungen dicht beieinander lagen, wie in Lancaster County, waren die Einflüsse von außen nicht so prägnant wie in den westlicher gelegenen Gemeinden, die oft weit auseinander siedelten und notgedrungen den Kontakt zu den »English« intensiver aufnehmen mußten. Die Idee Patchworkquilts anzufertigen, war jedoch »of the world«, also dem Lebensstil der »English« zugehörig, und wurde von den Amish-Frauen um 1860 in eigenem Stil aufgenommen. Die Amish-Quilts des traditionellen Typs wurden vor allem zwischen 1870 und 1935 genäht – ihre Datierung fällt wegen der Gleichartigkeit der Muster und der ausschließlichen Verarbeitung von ungemusterten Stoffen oft sehr schwer. Die für das Patchwork verwendeten Unistoffe wurden im 19. Jahrhundert und während des Ersten Weltkrieges mit Pflanzenfarben, sonst auch mit kommerziellen Farben selbst eingefärbt. Seit dem Ende des letzten Jahrhunderts gab es Läden, die sich mit ihrem Stoffsortiment auf die besonderen Wünsche der Amish eingerichtet hatten. Die Patchworkteile wurden von Anfang an meistens mit der Maschine zusammengenäht, es sei denn, daß Kinder oder Großmütter mit dieser Aufgabe betraut wurden. Als Wattierung benutzte man rohe, ungekämmte Wolle, und die Rückseite konnte ein kleinkarierter oder geblümter Baumwollstoff sein. In den zwanziger und dreißiger Jahren gab es zunehmend Tuch- und geblümte Flanellrückseiten, die wärmer und leichter waren.[153] Das Quilting wurde in der Gemeinschaft von Hand ausgeführt und die schönsten und feinsten Beispiele dafür stammen aus der Zeit der Jahrhundertwende, als Baumwolle und Wolle die bevorzugten Materialien waren. Seit den vierziger Jahren scheuen sich die Amish nicht, Rayon und Dacron-Stoffe sowie synthetische Vliese zu verarbeiten, was der Qualität der Quilts sehr abträglich ist.

Generell läßt sich sagen, daß die Kleinteiligkeit und Farbigkeit der Amish-Quilts im Laufe der Zeit zunahm. In den konservativsten und gleichzeitig wohlhabendsten Amish-Gemeinden von Lancaster County entstanden die schlichtesten Quilts (Abb. 94). Für die traditionellen, sehr vereinfachten Zentralmotive wie »Center Square«, »Diamond in Square« oder »Bars« scheinen die Frauen sogar vorsätzlich Stoffe zum Quiltnähen gekauft zu haben, denn die großen Teile können schwerlich Reste gewesen sein (Abb. 95). Trotzdem hielt man sich an die, auch für die Kleidung vorgeschriebene Palette. Kinder und junge Frauen trugen strahlendes Blau, Grün, Purpur, Pink und Dunkelrot, die mit den, für die Älteren ausschließlich geltenden, tiefen Mischfarben und Erdtönen kombiniert wurden. Das Zentrum wurde meistens von mehreren inneren Rändern und kontrastfarbenen Eckquadraten, dem »Eckstein«,[154] und einem ebensolchen Kantstreifen eingefaßt. Dieser Quilttyp begegnete uns schon in den Linsey-Woolsey-Quilts aus dem späten 18. und frühen 19. Jahrhundert. Sie ließen besonders viel Platz für vielfältige Quiltmuster, bei den Amish mit Vorliebe der differenziert ausgearbeitete, strahlende achtzackige Stern oder der Federkranz als Mittelmotiv. Drumherum ordnen sich Blüten und Blätter. Feder-, Blatt- und Weingirlanden sowie verschlungene geometrische Motive und Rautenraster überziehen die verbleibenden freien Flächen und Randstreifen. Viele Quiltmotive ähneln sehr den Applikationsmotiven der »gay Dutch«, durchbrechen aber in ihrer Zurückhaltung offenbar nicht den Geist der »Ordnung«.[155]

Nach dem Verständnis der Amish sollte der Quilt in erster Linie ein nützlicher Gegenstand sein, denn Dekoration oder Schmuck galt als Zeichen des Überflusses, den sie ablehnten. Auch ihre Häuser sind zwar sauber und von freundlicher Farbigkeit, aber ohne jede überflüssigen Accessoires. Hier wie auch im Patchwork beschränkten sie sich auf das Notwendige, was in der Gestaltung der Quilts zu einer Einschränkung bis hin zur Abstraktion führte. Durch die ungewöhnliche Kombination der für sich genommen gar nicht so sensationellen Farben, wurden die Amish-Quilts zu dem, was schon so oft zu beschreiben versucht wurde und was man dennoch nur sehen kann. In diesem Zusammenhang ist von »lebhafter Agressivität der Farbe, die die Lebhaftigkeit ihres Glaubens reflektiert«[156] die Rede.

Das aus vielen kleine Quadraten zusammengesetzte »Sunshine and Shadow«-Muster (nichtamisch »Trip around the World«) oder der achtzackige »Lone Star«

(nichtamish »Star of Bethlehem«), auch in seiner Variation als »Broken Star«, boten neben den ungezählten Blockmustern, die auch die Amish sich nach und nach gestalterisch eroberten, nicht nur die Möglichkeit, Stoffreste zu verarbeiten (Abb. 96). Sie boten einen zweckgebunden Vorwand mit Farben zu spielen und setzten sich vor allem in den westlichen, ärmeren Amish-Gemeinden durch. Angeregt von ihren Nachbarn und auf der Suche nach neuen Gestaltungsmöglichkeiten wurden die Quilts der Amish-Frauen aus Ohio oder Indiana immer bunter. Die Verwendung von Schwarz als Kontrast zu leuchtenden Farben ist besonders typisch für ihre Arbeiten.[157] Konkrete Patchworkmotive wie »Basket«, »Schoolhouse« und viele andere wurden genäht, auch wenn das kaum mehr mit der »Ordnung« zu vereinbaren gewesen wäre, wenn diese sich nicht auch etwas liberalisiert hätte. Schließlich setzten sich irgendwann alle Quiltmoden bei den Amish durch, sogar die Crazy-Quilts in Lancaster und Mifflin County, Pennsylvania.[158]

Mit der zunehmenden Kleinteiligkeit der Muster und der wachsenden Erfahrung der Amish-Frauen wuchs die Farbenvielfalt, wich die Strenge dem Gestaltungsdrang. Schließlich übernahmen die Amish auch gemusterte Stoffe in ihre Patchworkquilts, wie es vorher höchstens die Mennoniten durften. Heute produzieren sie fast ausschließlich für den Verkauf an Touristen, und ihre Quilts entsprechen keineswegs immer dem, was man als typisch amish bezeichnen würde.

Afro-amerikanische Quilts

Wenig beachtet blieben bisher, vor allem auch in der Literatur, die Patchworkquilts der amerikanischen Schwarzen. Kenner halten es jedoch für möglich, daß diese den Amish-Quilts in Zukunft den Rang der größten Popularität unter den Sammlern ablaufen werden.[159] Die afro-amerikanischen Quilts sind jedoch keineswegs so als Einheit zu charakterisieren wie die Amish-Quilts. Aufgrund ihrer unterschiedlichen Entstehungsgeschichten und Erscheinungsformen ist es sinnvoll, sie in vier Gruppen zu unterteilen[160] und damit ihre Beschreibung in den wesentlichen Punkten zu ermöglichen.

An erster Stelle sollen jene Quilts genannt werden, die noch während des Bestehens der Sklaverei in den Südstaaten von schwarzen Sklavinnen, die als Näherinnen und Kindermädchen auf den Plantagen lebten, genäht wurden. Sie stellten Quilts in den traditionellen Mustern, die man ihnen beigebracht hatte, her und erreichten darin hohe handwerkliche Perfektion. Von ihren Besitzern wurden diese Quilts als Kostbarkeit anerkannt und innerhalb der Familie weitervererbt.[161] Es scheint sogar

97 *Log Cabin Variation mit Applikationen, New Jersey, um 1870, 193x157.*
    American Antiques & Quilts, Thomas K. Woodard, New York

Abb. S. 155:
98 Applikationsquilt
„The Creation of the
Animals" von Harriet
Powers, entstanden in
Athens, Georgia,
1895-1898, 266x175.
Museum of Fine Arts,
Boston

üblich gewesen zu sein, den Sklavinnen besonders komplizierte und aufwendige Techniken, wie Trapunto, zu überlassen, so daß selbst einfache Patchworkarbeiten dadurch aufgewertet wurden.[162] Die tatsächliche Zuschreibung solcher Quilts dürfte außerordentlich schwierig sein, zumal sie sich stilmäßig und technisch nicht von anderen unterscheiden lassen. Darüber hinaus wurden sie bestimmt hin und wieder falsch signiert. In seltenen Fällen ist die Mitarbeit von Sklavinnen schriftlich bezeugt.

Einfacher ist der spezifische Typ des afro-amerikanischen Quilts zu erkennen, dessen ethnologische Wurzeln schon in seinem äußeren Erscheinungsbild offenliegen. Obwohl die Schwarzen in Amerika über Jahrhunderte systematisch ihrer Kultur beraubt wurden, lassen sich Reste afrikanischer Kultur eindeutig in ihnen nachweisen.

Es gibt einerseits Applikationsquilts, deren Motive wenig realistisch, aber dafür voller Symbolik sind. Ein schönes und sehr bekanntes Beispiel ist der Quilt »The Creation of the Animals« von der ehemaligen Sklavin Harriet Powers aus Athens, Georgia, den sie 1886 auf einer Landwirtschaftsmesse ausstellte (Abb. 98). Eine weiße Lehrerin namens Jennie Smith kaufte ihn 1890, nachdem sie von Harriet Powers die Bedeutung der einzelnen Szenen erklärt bekommen hatte. So ist beispielsweise der Tag »The Stars Fell«, der 12. November 1833, dargestellt. Damals dauerte ein Meteorenschauer acht Stunden an, und man glaubte, der Tag des Jüngsten Gerichts sei gekommen und dies sei der Feuerregen zum Weltuntergang. Die Sklaven orientierten sich an diesem ungewöhnlichen Tag als festem Datum, um alle wichtigen Ereignisse, wie Geburt oder Tod naher Angehöriger, zeitlich einzuordnen. Auch der Schwarze Freitag vom 19. Mai 1780, an dem verheerende Waldbrände in Neu-England ausbrachen, wird geschildert. Harriet Powers war zu diesem Zeitpunkt zwar noch nicht geboren, aber sie mußte wohl von dem erschütternden Ereignis gehört haben.[163] Die Art der applizierten Figuren und Tiere erinnert unweigerlich an Motive auf den Applikationstextilien in Dahomey, Westafrika. Wie direkt die Verbindung zu den möglichen Ursprüngen solcher Ausdrucksformen gezogen werden darf, ist bisher unklar geblieben – sie sind trotzdem offensichtlich.

Andererseits gibt es Patchworkquilts, die die Konstruktionstechniken afrikanischer Textilien deutlich widerspiegeln. Sie werden als Streifen- oder Bänderquilts bezeichnet. Farbenfroh, und oft mit asymmetrisch angeordneten Mustern, weisen sie besonders auf Grund ihrer Verarbeitung auf die entfernte Verwandtschaft mit westafrikanischen Schmalbandgeweben hin.[164]

In diesem ganz speziellen Zusammenhang muß man sicher auch die Entwicklung der Seminole-Patchworktechnik der Seminole-Indianer in Florida Ende des 19. Jahrhunderts sehen. Aus früheren, recht einfachen Applikationsformen entwickel-

ten die Indianerfrauen ein strukturelles Patchwork. Lange Bänder wurden zu viel-
farbigen Streifen zusammengefügt, die in viele Teile geschnitten und dann in vorge-
planter Ordnung zu Streifen mit geometrischen Mustern genäht wurden. In der
Kombination mit unterschiedlichen Mustern oder einfarbigen Stoffbahnen wurde
dieses Patchwork in horizontalen Reihen zu Kleidung verarbeitet. Sklaven aus den
Südstaaten fanden nach ihrer Flucht häufig Unterschlupf bei den Seminole-India-
nern, die sie aufnahmen und manchmal sogar heirateten. Die Schwarzen waren für
ihre eigenständigen Streifenquilts bekannt, und über sie hat sich der afrikanische
Einfluß zweifellos auf die Indianer ausgewirkt.[165]

Viele von den afro-amerikanischen Frauen genähte Quilts haben charakteristi-
sche Muster, die sie mehr mit den afrikanischen Textilien als mit den traditionellen
euro-amerikanischen Quilts verbinden. Normalerweise hat das Muster eine größere Bedeutung als die handwerkliche Ausarbeitung. Die Fernwirkung war das
allerwichtigste. In Westafrika kleideten sich vor allem die Könige und Priester in
stark gemusterte Textilien, die symbolisch zu deuten waren und den Charakter des

Statussymbols hatten. Ihre starke Farbigkeit gab schon auf weite Entfernung das entsprechende Signal für die Näherkommenden. In diesem Sinne kultureller Kontinuität kann man auch die Patchworkquilts der schwarzen Amerikaner interpretieren, wenn auch die politische wie ökonomische Situation eine völlig andere war. Die Vielfalt der Muster spielt jedoch noch immer eine wichtige ästhetische Rolle. Und wenn auch die Motive schon längst aus den euro-amerikanischen Traditionen kommen, so kann doch ihre besondere farbliche oder formale Anordnung für den Kenner ein Hinweis auf eine afro-amerikanische Patchworkerin sein (Abb. 97).[166] Gleichzeitig gibt es zahlreiche Quilts, die von Schwarzen genäht wurden, ohne auch nur den Anflug ethnologischer Andersartigkeit zu haben. Hier hatten die Näherinnen die euro-amerikanischen Patchworktraditionen unverändert für sich übernommen, ohne sie als kreative Einschränkung zu empfinden.

Schließlich bleiben noch jene Quilts, die von weißen Frauen mit ausdrücklich schwarzer Thematik genäht wurden. Die Wahrnehmung der Schwarzen durch die Weißen war in besonderem Umfang dem Zeitgeist unterworfen und spiegelt sich entsprechend drastisch in den Quilts der jeweiligen Epochen wider. Vor dem Civil War hatten die Frauen bestimmte Patchworkblocks erfunden, die sich mit der Sklaverei auseinandersetzten. »Slave Chain«, »Underground Railroad« oder »Radical Rose« sind Muster, die von tiefer Anteilnahme an dem Schicksal der Sklaven geprägt sind. Sie bekommen eine noch eindringlichere Bedeutung, wenn man berücksichtigt, daß Frauen zu dieser Zeit dazu verdammt waren, sich zumindest offiziell unparteiisch zu verhalten. Doch sogar in den Quilts fanden sie ihre Möglichkeiten, politisch Stellung zu beziehen. Bezeichnenderweise gibt es sehr viel weniger eindeutige Hinweise auf die Befürwortung der Sklaverei in den Patchworkquilts.

Mit der wachsenden Industrialisierung des späten 19. und frühen 20. Jahrhunderts, und der damit verbundenen Landflucht, ging auch die Ghettobildung einher. Ethnische Gruppen lebten zunehmend isoliert in bestimmten Stadtvierteln, und in einigen Gegenden soll es Weiße gegeben haben, die niemals einen Schwarzen zu Gesicht bekommen hatten. Ihre Informationen stammten aus den Medien, wie Zeitschriften und Büchern. Karikaturen und verallgemeinernde Darstellungen waren weit verbreitet und zeichneten ein negatives und diskriminierendes Bild der Schwarzen. Daher wurden verniedlichte Negerkinder, fettleibige Negermamies mit dicken roten Lippen und faule Schelme nicht nur auf den Quilts reproduziert, sondern über Jahrzehnte hinweg auch auf allen nur denkbaren Gebrauchsgegenständen. Erst seit der Mitte des 20. Jahrhunderts hat sich diese unwürdige Darstellungsweise grundlegend geändert. Die zeitgenössischen Quilts setzen sich sensibel mit den Erfahrungen der Schwarzen auseinander, indem sie auch Kenntnisse über afrikanische Kunst und Kultur miteinbeziehen.[167]

Hawaii-Quilts

Obwohl die Hawaii-Inselgruppe im nördlichen Stillen Ozean erst seit 1893 Territorium der Vereinigten Staaten war, und 1954 als 49. Staat in die Union aufgenommen wurde, gibt es dort schon seit der ersten Hälfte des 19. Jahrhunderts Quilts. Ihre Entstehung ist auf den Einfluß von Engländern und Amerikanern zurückzuführen. Über den ersten, für die zukünftige Handfertigkeit des Quiltnähens wichtigen Kontakt der Polynesier mit Europäern hat man sich bis heute nicht einigen können.

Man sagt, Hawaii sei 1778 von Kapitän Cook entdeckt worden, obwohl Spanier bereits 1555 diese Inselgruppe angesteuert hatten. Unter dem König Kamehameha I. vereinigten sich die bewohnten Hauptinseln der Gruppe zu einem Reich. Textile Handarbeiten können seit 1809 auf den Inseln nachgewiesen werden. Aus dem Jahr 1817 ist ein Dokument erhalten, in dem über die Baumwollkleidung eines Angehörigen der Führungsschicht und einiger Frauen berichtet wird.[168] Dies ist insofern wichtig, als die Polynesier bis dahin nur Tapa, einen aus gepreßter und gefilzter Maulbeerbaumrinde hergestellten »Stoff« kannten, den sie zu Kleidung verarbeiteten. Weil Tapa nicht waschbar war, wurde die Einführung amerikanischer Textilien sehr begrüßt. Am 3. April 1820 landete ein Schiff mit amerikanischen Missionaren und ihren Frauen an der Küste Hawaiis. Vier weibliche Mitglieder der königlichen Familie suchten die fremden Frauen an Bord ihres Schiffes auf. Sie hofften, daß ihnen die Amerikanerinnen bei der Herstellung modischer Kleidung behilflich sein könnten. Den Baumwollstoff dafür brachten sie mit, da sie diesen von Handelsschiffen, die auf der Pazifik-Route auch Hawaii anliefen, gekauft hatten.[169] Während dieser Begegnung wurden die Frauen, die sich nicht an der Herstellung von Kleidung beteiligen konnten, mit dem Nähen von Patchwork beschäftigt.[170] Die Tagebücher der damaligen Missionare berichten sehr detailliert von dem Leben unter den Polynesiern auf Hawaii, doch sie gehen nicht einmal andeutungsweise auf die Fertigstellung von Quilts ein. Obwohl in der Honolulu Academy of Arts Applikationsquilts aufbewahrt werden, die man auf das Jahr 1840 datieren zu können glaubt,[171] liegt die Frühgeschichte der Quilttraditionen Hawaiis im dunkeln.

Hawaiianische Applikationsquilts wurden normalerweise aus eigens für das geplante Projekt gekauften Baumwollstoffen genäht. Für den Grund wählte man Weiß oder seltener eine andere helle Farbe. Auf diese wurde ein ornamentales, aus mehrfach gefaltetem Stoff ausgeschnittenes, kontrastfarbiges Motiv appliziert. Diese Technik sei, nach Meinung einiger Wissenschaftler,[172] erst um 1860 von den Pennsylvania Dutch auf Hawaii eingeführt worden, als diese dort Missionsschulen einrichteten, in denen auch Nadelarbeit gelehrt wurde. Pennsylvania Dutch ver-

99 *Applikationsquilt mit*
  roten Adlern und
  Ahornblättern, um 1870.
  Sammlung Atef/
  Schreiterer,
  Berlin

wendeten neben den unterschiedlichsten Blumenmotiven mit Vorliebe Eichen-
oder Ahornblattmotive, deren Ähnlichkeit mit den Brotfruchtbaum-Mustern traditioneller hawaiischer Quilts verblüffend ist (Abb. 99). An anderer Stelle wird
gesagt, daß die Missionare bereits früher Papierschneidetechniken einführten, da
Scherenschnitt eine sehr populäre und hochbezahlte häusliche Kunst auf dem Fest-
land gewesen sei. Die polynesischen Frauen müßten demnach aus eigenem Antrieb
diese Technik auf die textile Gestaltung ihrer Quilts übertragen haben.[173] Zusätzlich inspirierten sie sich an der Flora ihrer Heimat. Blumen und Bäume wurden stilisiert dargestellt, wobei in der Regel drei Stadien der Entwicklung wie Knospe,
Blüte und Frucht, gezeigt werden (Abb. 100). Die Darstellung von Tieren auf
Quilts galt als Unglück bringend. Ungeachtet dessen, wie die Chronologie der Stil-
entwicklung hawaiischer Quilts nun tatsächlich verlief, zeichnen sich diese Arbeiten durch besondere Dekorativität und Eigenständigkeit aus. Die Muster wurden
immer neu erfunden und durften nicht kopiert werden, da sie als Eigentum des
Entwerfers galten. Ihre Benennung war ebenso individuell und voller Symbolik.

158

*100 Hawaii-Quilt, rote Applikation auf weißem
Grund, 20. Jh., 211x191.
American Museum in Britain,
Claverton Manor, Bath*

Der Name begleitete den Quilt solange dieser existierte. In der Regel wurden die
Muster durch das Quilten der Konturen betont. Dabei setzten die Stepplinien die
Motivkanten wie ein Echo über alle freien Flächen des Quilts fort. Neben den
Quilts mit allgemeinen, floralen Mustern gab es jene, die sich in Motiven und Far-
bigkeit auf die königliche Familie bezogen. Die Krone, der Schildpattkamm der
Königin oder der Federfächer, wurden in den Farben Rot und Gelb (für Gold) als
Ornamente auf Quilts genäht.[174]

Eine ganz herausragende Bedeutung haben die Fahnenquilts für die polynesischen Einwohner des ehemaligen Königreiches Hawaii (Abb. 101). König Kamehameha I. besuchte zu Beginn des 19. Jahrhunderts Großbritannien und kehrte
derart beeindruckt in sein Reich zurück, daß er sich sofort einen Palast bauen ließ
und die Krone und andere Symbole des englischen Hofes übernahm. Auch der
Union Jack wurde als Nationalflagge übernommen und sollte die Freundschaft zu
dem Inselreich Großbritannien dokumentieren. Seine sieben Streifen symbolisier-
ten die sieben Hauptinseln unter der direkten Herrschaft des Königs Kamehameha I.

101 *Fahnenquilt, Hawaii, um 1893,
    203x178.
    American Museum in Britain,
    Claverton Manor, Bath*

Erst 1845 kam die Insel Kanuai, die bis dahin nur zinspflichtig war, als vollwertiger Teil ins Reich und als achter Streifen auf die Flagge.

Die klimatischen Bedingungen in Hawaii sind denkbar schlecht für die Konservierung von Textilien, und es ist fast unmöglich, noch Quilts aus der Zeit vor 1875 zu finden. Alle bekannten, erhaltenen Fahnenquilts sind aus der zweiten Hälfte des 19. Jahrhunderts und haben deshalb die acht Streifen in ihrem Motiv. Die geläufigste Form der Gestaltung, neben weniger häufigen Variationen, war die Anordnung von vier Fahnen um ein Zentrum mit Krone, Wappen oder anderen Herrschaftssymbolen in den Farben Rot, Blau und Weiß. Seit dem Anschluß an die USA im Jahr 1893 und dem damit verbundenen Sturz der Königin Liliuokalani, war es verboten, die alte hawaiische Nationalflagge zu hissen. »My Beloved Flag« wurde damit zunehmend aus ganz patriotischen Gründen als Quiltmotiv genäht. Die meisten Eingeborenenfamilien, die Quilts besitzen, hüten auch mindestens einen Fahnenquilt als Familienschatz, der von Generation zu Generation weitervererbt wird, ohne daß ein Außenstehender ihn je zu sehen bekommt. Man glaubt, daß der Geist derjenigen, die den Quilt nähte, noch immer in der Decke ruht, und viele Frauen verwahrten vermutlich die Arbeitsanleitung für ihren Quilt, die aber bei ihrem Tod verbrannt werden mußte.[175]

Hawaii-Quilts wurden schon sehr früh in Museen gesammelt und als einzigartige kulturhistorische Dokumente gewürdigt. Als Privileg und Statussymbol höherer Schichten waren sie von jeher auch innerhalb der Bevölkerung anerkannte Kostbarkeiten. Sie sind beeindruckender Beweis dafür, daß die Applikations- und Patchworktechnik nicht nur durch den euro-amerikanischen Kulturhintergrund auf ein hohes künstlerisches Niveau gehoben werden konnte. Die Polynesier vermochten sich selbstbewußt mit ihrem ästhetischen Empfinden durchzusetzen und den euro-amerikanischen Quilttraditionen mindestens Gleichwertiges an die Seite zu stellen.

Heute wird die Tradition hawaiischer Quilts nur noch durch professionelle Näherinnen aufrecht erhalten. Sie nähen die Decken vor allem, um sie an Touristen zu verkaufen – der Mythos der alten Applikationsquilts scheint damit gestorben zu sein.

Amerikanische Quilts der ersten Hälfte des 20. Jahrhunderts

Auch nach der Jahrhundertwende blieb die Herstellung von Patchworkquilts, vor allem in ländlichen Gebieten, eine populäre Beschäftigung. Das Ansehen eines Statussymbols, wie es die prächtigen Applikationsquilts und dann die aufwendigen Crazy Quilts hatten, verblaßte zugunsten einer wachsenden Beliebtheit von einfachen Patchworkquilts. Ihr Aussehen wurde durch die zu Beginn des Jahrhunderts üblichen dunklen, monochromen, oft als »Shaker Gray« bezeichneten Baumwolldrucke geprägt (Abb. 102).[176]

Traditionelle Patchworkmuster wurden, ebenso wie neue Patchworkblock-Entwürfe, in Zeitschriften und Magazinen, zum Beispiel in »Woman's Home Companion« oder »The Modern Priscilla«, publiziert, die für deren schnelle Verbreitung über ganz Nordamerika sorgten. Die Entwicklung in der zeitgenössischen Kunstszene, wie sie auch im Art deco zum Ausdruck kommt, spiegelt sich in den Motiven neuer Patchworkmuster wider. In dem als »Depression Aera« bekannten Zeitraum von 1925 bis 1940 entwickelte sich ein sehr typischer Patchworkstil, der sich sowohl in der besonderen Art der verwendeten Stoffe als auch im Patchwork selbst erkennen läßt. Die meisten der bis heute erhaltenen Quilts stammen aus dieser Zeit der Weltwirtschaftskrise, in der neben den ästhetischen auch die praktischen Aspekte des Quilts neue Bedeutung gewannen.

Die Baumwolldrucke des zweiten Jahrhundertviertels waren meistens sehr bunt. Orange, Gelb und andere leuchtende Farben dominierten. Kommerzielle Interessen diktierten die Möglichkeiten, und die preiswerte Produktion drückte sich nicht zuletzt in dem Aussehen der Stoffe aus. Fehlende Details bedeuteten weniger Zeitaufwand, um die Kupferwalzen zu gravieren, die Einfachheit der Motive erforderte keine allzu genaue Registrierung der Maschinen. So wurden Blumen beispielsweise eher stilisiert, als daß man sich um die Charakterisierung bestimmter Arten bemüht hätte. Weiße Ränder um die Druckmotive weisen darauf hin, daß schon im Entwurfstadium die Ungenauigkeiten der Druckmaschinen mit eingeplant wurden.[177] Den Ausgleich dieser Mängel sollte ganz offensichtlich die Buntheit schaffen, denn es standen inzwischen viele billige Färbefarben zur Verfügung. Andererseits entsprach es der Mode, plakativ und stilisiert wirkende Motive auf Stoffe zu drucken.

102 *Scrap Quilt Top, dazu Detail,*
   Anfang 20. Jh., 222x190.
   Privatbesitz Rosa Dames, Berlin

Seit dem letzten Viertel des 19. Jahrhunderts hatte man bereits weiße, braune und andere unifarbene Baumwollstoffe als Verpackungsmaterial zu sogenannten »Feed Sacks« – Futtersäcken – verarbeitet. In ihnen wurden Getreide, Mehl, Zukker und anderes aufbewahrt und verkauft. Als Material für Quiltrückseiten leisteten sie häufig gute Dienste. Die oft noch sichtbaren Firmenaufdrucke bieten heute hin und wieder nützliche Hinweise auf Entstehungsort und Zeit des Quilts. Spätestens seit den dreißiger Jahren des 20. Jahrhunderts wurden nunmehr buntbedruckte Futtersäcke auch zu Patchwork verarbeitet. In der Zeit der Weltwirtschaftskrise gewöhnte man sich an, aus allen brauchbaren Materialien noch etwas Nützliches herzustellen. Die gemusterten Baumwollsäcke wurden also aufgetrennt, gewaschen und gebügelt, um sie dann wieder neu zu verarbeiten. Patchworkquilts daraus zu nähen war naheliegend, doch in der Not wurde auch alles

103 Patchworkquilt
„Double Wedding
Ring", um 1930,
200x180.
Folk Art Gallery,
Hamburg

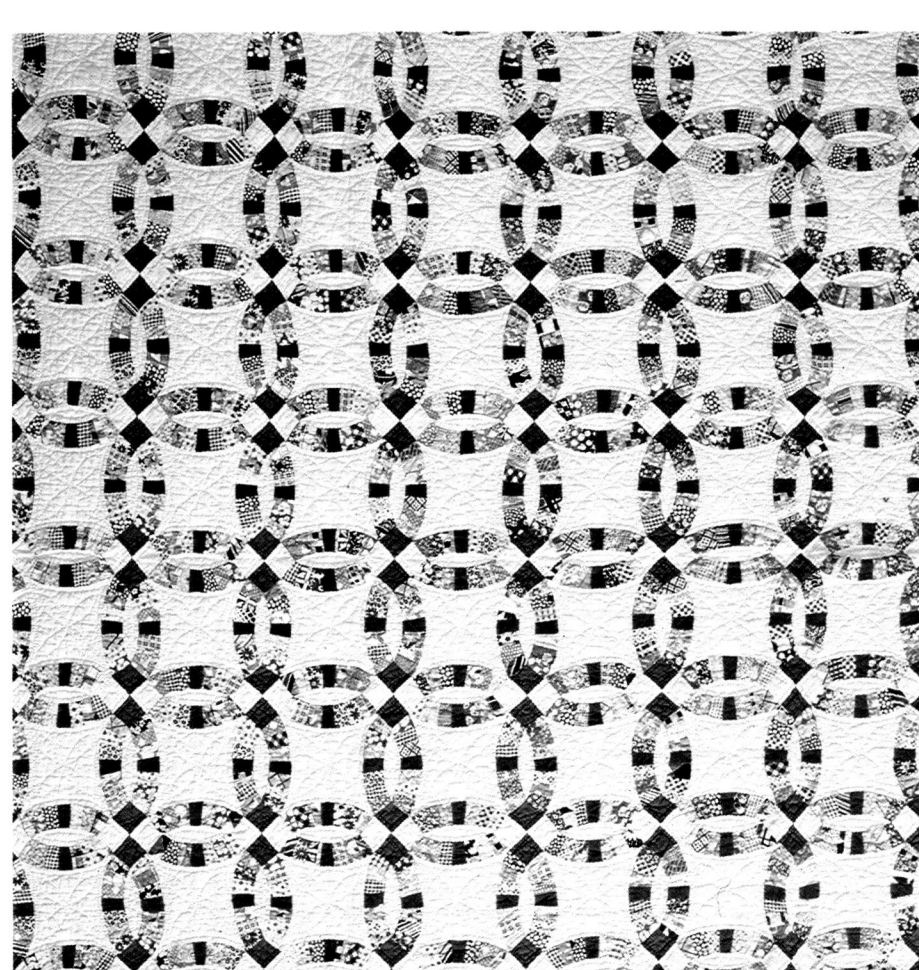

Abb. S. 165:
104 Scrap Quilt Top,
dazu Detail, um 1930,
232x180.
Privatbesitz Rosa
Dames, Berlin

164

andere, bis hin zu Kinderwäsche, aus diesen Stoffen angefertigt. In einem »Textile Bag Manufacturer's Booklet« wurden, ebenso wie in Zeitschriften, Hinweise zum Entfernen der Aufdrucke und Firmenetiketten veröffentlicht. Trotzdem erinnerte sich eine Frau, ihre ganze Kindheit in »Pillsbury's Best«-Unterwäsche verbracht zu haben, da »Pillsbury's Best« leider nicht ausblich.[178] Aus der Not wurde eine Tugend gemacht, wenn man die damals sehr populären »Scrap Quilts« aus möglichst vielen, unterschiedlichen Stoffen nähten (Abb. 104). Packungen mit Stoffre-

sten, die man für 25 Cent kaufen konnte, ergänzten die Vielfalt der Stoffe für solche Projekte. In diesem Zusammenhang kamen die Patchworkblocks zu neuen Ehren, deren Muster sich aus den Grundelementen Quadrat oder Dreieck zusammensetzten. Für farblich aufeinander abgestimmte Patchworkmuster brauchte man natürlich größere Mengen ein und desselben Stoffes. Dafür tauschte man Säcke mit entsprechenden Mustern bei Freunden oder Nachbarn ein, ließ sie sich im Laden reservieren oder kaufte leere Mehlsäcke beim Bäcker. Es ist sehr schwer nachträglich festzustellen, ob Patchworkquilts dieser Zeit aus Futtersackstoffen oder aus neu gekauften Baumwolldrucken genäht wurden, wenn nicht regelmäßige Einstiche der ehemaligen Sacknaht oder wenigstens Teile eines Aufdrucks zu finden sind.[179]

106 Patchworkquilt
„Cornucopia", um
1920/30.
Folk Art Gallery,
Hamburg

Neben den Druckstoffen sind Unistoffe in Pastellfarben besonders typisch für
die zwanziger und dreißiger Jahre (Abb. 107). Ein ganz bestimmtes blasses und
kaltes Grüngrau kann ebenso wie ein fades, rosaviolettes Rot fast als Synonym für
diese Ära stehen. Traditionelle und neue Applikationsmotive sowie ursprüngliche
Quiltmuster wurden in diesen Farben auf weißen Grund appliziert. Ein Vergleich
mit Arbeiten aus der zweiten Hälfte des 19. Jahrhunderts verdeutlicht die verän-
derte Wirkung sehr drastisch. Die Verbreitung der Motive in Zeitschriften geschah
durch genaue Schnittmuster und detaillierte Beschreibungen, deren Bedeutung
man in diesem Zusammenhang nicht unterschätzen darf. Auch ganze Arbeitspakete, in denen neben der Arbeitsanleitung zusätzlich die benötigten Stoffe zusam-

mengestellt waren, konnte man kaufen. Dasselbe galt für traditionelle Patchworkmuster, unter denen die »Dresden Plate«-Variationen (Abb. 105),[180] Sechsecke in
»Grandmother's Flower Garden«, Kompositionen[181] und Fächermuster[182] (Abb.
106) die größte Popularität hatten. Als relativ neues Patchworkmuster setzte sich
der »Double Wedding Ring«[183] (Abb. 103) als kennzeichnend für den beschriebenen Zeitraum durch. Entgegen den weitgehend stilisierten Formen von Blumenmotiven in den Applikationen des 19. Jahrhunderts und auch im Gegensatz zu den
einheitlichen Blumen auf Druckstoffen des frühen 20. Jahrhunderts, traten nunmehr klar zu erkennende Blumenarten wie Iris, Rose oder Seerose als Applikationsmotive in den Vordergrund. Eine neue Bedeutung gewann auch die Anfertigung von Kinderquilts, die mit »Sunbonnet Babies«, »Sunbonnet Sue« und »Over-
all Sam« von Bertha L. Corbett[184] und naiven Tiermotiven geschmückt wurden.
Solche detaillierten und insgesamt einheitlichen Patchworkquilts, wie sie uns aus
den Jahrzehnten zwischen den Weltkriegen begegnen, wären ohne die Anleitungen
in den Zeitschriften undenkbar gewesen. Lokale Stilelemente hatten demgegen-
über kaum noch eine Chance weiterzubestehen.

Seit dem Beginn des Zweiten Weltkrieges nahm das Interesse an Patchworkquilts aus verständlichen Gründen zusehends ab. Die Arbeitskraft der Frauen wurde an wichtigeren Stellen gebraucht und es blieb keine Zeit mehr dafür, aufwendige Handarbeiten herzustellen, deren Nützlichkeit zwar evident, aber deren Anfertigung trotzdem ein kreativer wie geselliger Zeitvertreib war.

Auf dem Weg zur Quiltkunst

Die Höhepunkte der nordamerikanischen Patchworkquilt-Traditionen liegen zweifellos in der zweiten Hälfte des 19. und in den zwanziger und dreißiger Jahren unseres Jahrhunderts. Als eine mögliche Spielart der Volkskunst hielten sie ihrer Zeit den Spiegel vor: Die Lebenssituationen der Menschen, die sie schufen, regionale, religiöse und ethnische Bindungen, Normen und Moden, fanden ihren Ausdruck in diesen Quilts. Typische Gestaltungsmerkmale, die von der freien Auseinandersetzung mit den Zeitströmungen geprägt wurden, weisen auf ihre Herkunft und machen sie zum kulturhistorischen Dokument. »Amerikanische Volkskunst ist keine unbeholfene Form der Hochkunst. Sie lebt in ihrer eigenen Welt und reagiert auf ihre eigene Umgebung. Sie wurde von Dilettanten geschaffen, die zu ihrer eigenen Befriedigung und für den Beifall ihrer Familien und Nachbarn arbeiteten.«[185]

Die ungeheure Bewegung innerhalb des amerikanischen Volkes sowie die Verbreitung der Medien trugen einerseits zur wachsenden Popularität der Patchworkquilts bei. Andererseits wurden traditionell gewachsene Gestaltungsformen dadurch von ihrem Hintergrund losgelöst und zum verfügbaren Vokabular für jedermann. Das dekorative Nachempfinden der Vergangenheit, die sich in ihrem Anspruch und in ihren Bedeutungen eigentlich nicht wiederbeleben läßt, führte zu keiner echten Innovation, sondern nur zu immer gleichen Wiederholungen von Mustern, Formen und Farben.

Das traditionelle Patchwork und Quilting erfreut sich besonders in den ländlichen Regionen der USA noch heute großer Beliebtheit. Doch die wenigsten Frauen betreiben es als eine Tradition, die von Großmüttern an Töchter und Enkel weitergegeben wurde.[186] Ihnen steht die große Masse derjenigen zur Seite, die diese textilen Techniken als Freizeitbeschäftigung aus Büchern und in Kursen erlernen. In den Städten gibt es Fachgeschäfte, die Stoffe, Wattierungen, Garne, Anleitungen, Quiltschablonen – kurz sämtliches Zubehör – anbieten. Quiltkreise und Versand-

geschäfte kommen den Bedürfnissen der Interessierten weiter entgegen. Die genaue Anzahl der aktiven sogenannten Quiltmaker in Amerika kennt man nicht, doch man schätzt sie auf sieben Millionen. Es gibt sechs regelmäßig erscheinende Fachzeitschriften, deren größte, das »Quilter's Newsletter Magazine«, allein 170000 Abonnenten hat. Dazu kommen Kataloge und unzählige Bücher über Patchwork und Quilting. Engagierte Quiltmaker sind in nahezu 600 Quiltvereinen organisiert. Hunderte von »Historical Societies« und Museen besitzen große Quiltsammlungen, Quiltausstellungen werden von Kirchen-, Kunst-, Wohlfahrts- und sonstigen Verbänden organisiert und finden große Resonanz in der Bevölkerung.[187] Ähnliche Tendenzen, wenn auch zahlenmäßig sehr viel bescheidener, zeichnen sich für die europäischen Länder, allen voran England, ab.[188] Patchwork

170

109 *Michael James:*
   „Interweave III",
   1982, maschinen-
   genäht und -gequiltet,
   180x180.
   Im Besitz des
   Künstlers ©

und Quilting wurden zu einem populären Hobby, das weit davon entfernt ist, der Kreativität durch Material- oder Anregungsmangel Fesseln anzulegen. Man könnte im Gegenteil manchmal den Eindruck gewinnen, daß der Überfluß zu wenig Raum läßt, den Mut für individuelle Gestaltungsideen aufzubringen.

Konsequent erscheint dagegen der zeitgemäße Versuch, die alte Technik zu benutzen, um neue Wege zu einer modernen Interpretation zu finden. Das Originelle, keine Experimente scheuende, das, sich selbst genug, dem Nützlichkeitsanspruch nicht mehr gerecht zu werden braucht, stellt sich als eigenständige Neuschöpfung dar. Die Fülle kreativer Möglichkeiten liegt im Aufbrechen der Geometrien, in der freien Variation der Farben, Formen, Materialien und Bearbeitungstechniken. Nur über diesen Weg konnte der Patchworkquilt wieder zu einem

110 Terrie Hancock Mangat: „Lightning Runner", 1984,
 Patchwork und Applikation, handgequiltet, 208x165. ©

111 David Hornung: „The Nile", 1984,
    Patchwork, handgequiltet, 211x127. ©

Spiegel seiner Gegenwart werden, die ihm selbst zur Inspiration wurde. In diesem Sinne entwickelte sich der Quilt im Amerika der siebziger Jahre, und seither zusehends auch in Europa, zu einer aufregenden Komponente der Textilkunst.

Im New Yorker Museum of Contemporary Crafts fand 1976 die erste Ausstellung moderner Quilts statt. Jeder einzelne unter ihnen präsentierte neue thematische oder technische Aspekte und trug dazu bei, die Vielfalt möglicher Gestaltungstendenzen offen zu legen. »Diese offizielle Würdigung verlieh dem modernen Quilt seine Legitimation und hob ihn klar von der großen Masse der konventionellen, in den alten Traditionen verankerten Quilts ab. Der moderne Quilt legt Zeugnis vom Selbstbewußtsein seiner Schöpfer ab, die sich einen Namen machen und öffentliche Anerkennung für ihre Arbeit erringen wollen.«[189]

Für zwei vielbeachtete Ausstellungen bemühten sich seit Mitte der siebziger Jahre Charlotte Robinson, »The Artist and The Quilt 1982«[190], und Ludy Strauss, »Artist's Quilts 1981«[191], um die Förderung der Zusammenarbeit von Künstlern und Quiltmakern. Diese wirkte zwar beiderseitig sehr befruchtend, wie man den daraus hervorgegangenen Ausstellungen entnehmen konnte, dennoch muß das Ganze als Experiment aufgefaßt werden. Den im Aufbruch befindlichen Quilt-

113 Pauline Burbidge:
„Finn", 1983,
Patchwork, gequiltet,
241x236. ©

175

künstlern hätte eine solche Publicity, die sie auf ihre rein handwerklichen Fähigkeiten zurückzudrängen drohte, auch schaden können.

Wie eigenständig und schöpferisch sie dagegen sein können, beweisen die seit 1979 regelmäßig als Biennale veranstalteten »Quilt National«-Ausstellungen in Athens, Ohio. Eine fachkundige Jury entscheidet über die Auswahl der Exponate, deren Niveau sich von Jahr zu Jahr steigert. Anfangs vor allem eine Domäne der Amerikaner, stießen in den letzten Jahren zunehmend europäische Quiltkünstler dazu. Entsprechende Ausstellungen finden inzwischen auch in England, Frankreich, Deutschland und der Schweiz statt. Während Nancy Crow schon 1983 mit ihrem Quilt »Interlacings I« in Amerika einen Kunstpreis zugesprochen bekam, der bis dahin Gemälden vorbehalten war, tut man sich in Europa mit der Anerkennung moderner Quilts noch schwer. Zu sehr sind die Beurteilenden in althergebrachten Vorstellungen verstrickt, um objektiv sein zu können. Letzten Endes bleibt es eine Frage der Zeit, bis sich Quiltmaker auf der internationalen Textilkunstbühne die ihnen zustehende Anerkennung erringen werden. Auch auf diesem Wege sind die Amerikaner Vorreiter. Moderne Quilts sind häufig in Banken, Hotelfoyers und öffentlichen Räumen anzutreffen und werden von Museen und Sammlern geschätzt.

Bezeichnend für das Selbstverständnis der Quiltmaker sind die Untertitel, die den vergangenen »Quilt National«-Ausstellungen gegeben wurden. 1983 »New Directions for an American Tradition« und 1985 »The State of an Art«[192] – selbstbewußter und überzeugter kann man es wohl kaum formulieren. Beeinflußt von den Traditionen der eigenen Disziplin wie von den historischen und gegenwärtigen Strömungen in der bildenden Kunst ganz allgemein, hat doch die Erkenntnis, ein Einzelgänger auf unbekanntem Territorium zu sein, den größten Anteil an der gestalterischen Kraft eines Quiltmakers.[193]

Die modernen Quilts verdeutlichen, daß die technischen und künstlerischen Grenzen des Mediums sehr weit gesteckt sind. »Bildträger« blieb jedoch, bis auf wenige Ausnahmen, das tradierte »Bettdeckenformat«, mal etwas größer, mal kleiner. Innerhalb dieses willkürlich gewählten Rahmens spüren die Quiltmaker nach den textilen Qualitäten und strukturellen Besonderheiten ihres Themas. Gekaufte und selbstgefärbte Stoffe, Samt genauso wie Seide, einfarbige genauso wie gemusterte Baumwolle sind geläufige Materialien, Plastik und Papier dienen dem Experiment. Malerei, Sprüh-, Druck- und Phototechniken erweitern die schöpferischen Möglichkeiten. Das Hauptthema der meisten Quiltmaker sind Formen und Farbe geblieben. Ihre Kompositionen können so subtil und feinfühlig wie bei Michael James (Abb. 109) oder Pam Studstill, und so laut und direkt wie bei Nancy Crow (Abb. 108) oder Françoise Barnes sein. Motive mit starker Anlehnung an traditionelles Patchwork können unter Umständen umwerfend modern wirken, während

114 Dorle Stern-Straeter: „Oasis", 1984, Patchwork, handgequiltet, 160x160. ©

115 Rosa Dames: „Blau verläuft sich“, 1985,
Patchwork, handgequiltet, 218x218. ©

noch nie dagewesene Gestaltungskonzepte kaum über bekannte Eindrücke hinaus-
weisen. Die Liebe zum textilen Material und seinen Strukturen kann sich als Thema
genauso durchsetzen wie farbenfroher Detailrealismus in der formalen Komposition. Die Freiheiten zur Gestaltung eines Patchworkquilts scheinen endlos geworden zu sein und viele nutzen sie inzwischen. Die bekanntesten Quiltmaker neben
den schon genannten sind Ivonne Porcella, Terrie Hancock Mangat (Abb. 110),
Jan Myers (Abb. 112), David Hornung (Abb. 111) und viele andere, die schon über
Jahre hinweg ihren individuellen Stil gefunden haben und sehr erfolgreich an seiner
Fortentwicklung arbeiten. Als herausragende englische Quiltkünstlerin ist Pauline
Burbidge zu nennen (Abb. 113). Ihre dreidimensionalen Illusionen in Patchworktechnik haben ihr schon viele bedeutende Stipendien und Preise eingebracht. Doch
auch Michele Walker oder Lucy Wallis sind bedeutende Quiltkünstler aus Großbritannien, die sich mit innovativen Quilts einen Namen machten. In Deutschland
gehören Dorle Stern-Straeter (Abb. 114), Inge Hueber und Rosa Dames (Abb.
115) zur Avantgarde des modernen Patchworkquilts mit internationaler Anerkennung.

Jede Aufzählung muß in diesem Zusammenhang jedoch unvollständig und damit
vielleicht auch ungerecht bleiben. Gleichgültig an welchem Ort der Welt Quilts
entstehen – geschaffen von einer Pionierfrau des 19. Jahrhunderts, einer indischen
Bauersfrau oder einem Quiltmaker des 20. Jahrhunderts –, immer bleiben sie ein
Gegenstand, der nur durch die eigene Anschauung, in der direkten Gegenüberstellung von Objekt und Betrachter, in seiner ganzen Dimension erfaßt werden kann.
Mehr als nur ein Bild und mehr als nur eine Decke erfaßt er alle Sinne, die im Photo
oder der Beschreibung nur partiell angesprochen werden können.

Patchworkquilts sammeln und pflegen

Die unterschiedlichen Möglichkeiten, einen antiken oder modernen Quilt zu erwerben, sind vielfältig. Über den naheliegenden Gang in eine Galerie, eine Auktion oder einen Antiquitätenladen hinaus, kann man manchmal, quasi am Wegesrand oder über zufällige Kontakte, einen Quilt bekommen – den Zufällen sind in dieser Hinsicht keine Grenzen gesetzt. Bevor man aber seine Chance nutzt, sollte man sich umfassend informieren, genau hingesehen und fühlen. Oft genug wird einem Neues als Altes angeboten, und es erfordert ein geschultes Auge, um die Richtigkeit der Angaben des Verkäufers durch eigene Anschauung und Erfahrung beurteilen zu können. Die vorausgegangenen Ausführungen über Stoffe, Druck- und Verarbeitungstechniken könnten nützlich sein, Fehlurteile und Enttäuschungen von vornherein auszuschließen. Trotzdem sind ausgesprochene Zweifel und gesundes Mißtrauen beim Kauf eines Quilts oder Pachtworktops immer der bessere Ratgeber.

Mit dem steigenden Interesse von Sammlern, Museen und Firmen stiegen auch die Preise für antike Quilts rapide an. Der Zustand, das Alter, die Originalität des Entwurfs und der Farbkomposition sowie die technische Ausarbeitung geben einerseits den Ausschlag bei der Festlegung des Preises. Andererseits spielt der Zeitgeschmack auch eine nicht zu unterschätzende Rolle. In den vergangenen Jahren galten alte Amish-Quilts als das Nonplusultra unter den Quiltliebhabern, was sich entsprechend auf die Preisgestaltung auswirkte. Scrap-Quilts der zwanziger und dreißiger Jahre waren dagegen vergleichsweise billig zu haben. Doch die Moden ändern sich schnell und es empfiehlt sich nicht, konkrete Zahlen zu nennen – schon morgen kann wieder alles ganz anders sein. Einige tausend Mark muß man jedoch in jedem Fall bereit sein auszugeben. Letzten Endes haben gerade Quilts immer einen sehr subjektiven Wert für den Interessenten. Nur das, was er ehrlich bereit ist dafür aufzuwenden, ist das Stück auch wert. Die Kritik eines Außenstehenden über einen vermeintlich zu hohen Preis ist zu einem guten Teil wieder ebenso, wenn auch auf andere Weise, subjektiv.

Moderne Quilts lebender Quilt-Künstler haben ähnliche Preise wie zum Beispiel Gemälde zeitgenössischer Maler. Je nach künstlerischer und technischer Qualität sowie nach dem Bekanntheitsgrad ihres Schöpfers, richtet sich die Forderung. Ein nachgearbeiteter Bettquilt mit traditionellem Muster wird, je nach Größe, mit 1000.– bis 3000.– Mark realistisch taxiert sein.[194]

Vorausgesetzt, daß man sich im Besitz eines antiken Quilts befindet, sollte man sich ernsthafte Gedanken über seine Pflege, Aufbewahrung und Präsentation machen, um seinen materiellen und ästhetischen Wert möglichst lange zu erhalten. Einen antiken Quilt, sei er nun aus Baumwolle, Seide oder Wolle, sollte man grundsätzlich weder waschen noch reinigen. Ein Laie wird kaum in der Lage sein, zu beurteilen, ob ein Quilt im speziellen Fall nicht vielleicht doch naß oder chemisch gereinigt werden könnte. Bevor man ein gutes und wertvolles Stück ruiniert, sollte man es bei dem vorsichtigen Abbürsten mit einer ganz weichen Bürste und regelmäßigem Lüften bewenden lassen. In der Regel stören sich die meisten Menschen ohnehin nur an den häßlichen braunen Stockflecken auf den Stoffen. Leider hilft gerade gegen diese kein Mittel, sei es noch so scharf oder geheimnisvoll. Vielleicht sollte man sie in dem Bewußtsein akzeptieren lernen, daß Alter immer Spuren hinterläßt, an Textilien wie an uns selbst. Auch andere Gegenstände bekommen eine Patina, die oft genug ihre Kostbarkeit rein äußerlich unterstreicht. Leider sprechen Stockflecken jedoch nicht nur für Alter, sondern auch für schlechte Pflege. Sie werden häufig durch zu hohe Luftfeuchtigkeit verursacht, wenn sich Kondenswasser auf den Stoffen absetzen kann. Aus diesem Grund sollte man Quilts auch niemals in Plastiktüten aufbewahren.

Licht ist ein ebenso großer Feind antiker Textilien. Die UV-Strahlen zerstören Färbung und Pigmente und beschleunigen die Zerstörung der Fasern. Die Farben bleichen aus, und das Gewebe wird brüchig. Man sollte also einen alten Quilt, wenn man ihn aufhängt, niemals direkter Sonneneinstrahlung preisgeben. Selbst moderne Stoffe, die mit lichtechten chemischen Farben eingefärbt sind, würden sich unter solchen extremen Bedingungen nicht lange halten und ihre Farbigkeit einbüßen.

Die optimalen Aufbewahrungsbedingungen für alte Quilts, nämlich flach liegend ausgebreitet und staubgeschützt, können höchstens im Museum geschaffen werden. Muß man sie zusammengefaltet verstauen, bietet sich folgende Methode an. Der Quilt wird auf einer sauberen Fläche ausgebreitet und mit Seidenpapier abgedeckt. Während des behutsamen Zusammenfaltens polstert man die Brüche zusätzlich mit zusammengeknautschtem Seidenpapier so aus, daß keine scharfen Knicke in den Stoffen entstehen können. An diesen Knickstellen würden die Stoffe am leichtesten kaputtgehen. Den zusammengefalteten Quilt bringt man in einem entsprechend großen Karton oder einer Schublade unter. Das Behältnis muß mit Seidenpapier oder gewaschenem Baumwolltuch ausgelegt werden, damit der Quilt nicht mit dem säurehaltigen Holz oder der Pappe in Berührung kommt. Ein mit Seidenpapier bedeckter Quilt kann genauso gut locker um einen Bambusstab gerollt und anschließend in ein gewaschenes Baumwolltuch gehüllt werden. Welche Methode sich besser eignet, hängt von den räumlichen Gegebenheiten ab.

Zwei Varianten bieten sich zum Aufhängen eines Quilts an. Mit der Nähmaschine wird ein Klettband (etwa 4 cm breit) auf ein mindestens einen Zentimeter breiteres Baumwoll-Gurtband gesteppt. Dieses heftet man wiederum von Hand unter den oberen Rand auf die Rückseite des Quilts. Dabei sollten möglichst alle drei Stofflagen des Quilts vorsichtig mitgefaßt werden, um die Belastung besser zu verteilen. Auf eine Holzleiste, die etwas kürzer als die Quiltbreite sein sollte, wird die Gegenseite des Klettbandes montiert. Nachdem man den Klettverschluß verbunden hat, läßt sich die Decke an der Stange aufhängen. Wenn das Muster des Quilts es erlaubt, empfiehlt es sich, ihn alle paar Monate an einer anderen Seite aufzuhängen, da sonst die einseitig belasteten Stoffe reißen könnten. Der Zusammenhalt des Klettverschlusses muß ebenfalls regelmäßig kontrolliert werden.

Schonender ist es, wenn man einen entsprechend großen Rahmen aus versiegelten Holzleisten baut, der mit gewaschenem Baumwollstoff bespannt wird. Auf dieses Tuch wird der Quilt mit parallel verlaufenden Zick-Zack-Stichen geheftet und dadurch gestützt. Man sollte niemals den Quilt selber aufspannen, denn er würde auf die Dauer kaum dieser Belastung standhalten. Die eben beschriebene Art der Aufhängung ist besonders für sehr alte und strapazierte Stücke geeignet. [195]

Moderne Quilts lassen sich meistens reinigen und, wenn sie aus Baumwolle sind, waschen. Ansonsten sollte man sie jedoch nicht weniger pfleglich als ihre antiken Brüder behandeln.

Anmerkungen

1 Averil Colby, Quilting, London 1972, Reprint 1983, Seite 8

2 Mary Morgan und Dee Mosteller, Trapunto, New York 1977, Seite 7

3 Lenice Ingram Bacon, American Patchwork Quilts, New York 1973, Seite 50

4 Morgan und Mosteller, w.o., Seite 10/11

5 Colby, w.o., Seite 91 ff

6 Interessant dazu: Tandy Hersh, 18th Century Quilted Silk Petticoats Worn in America, in: Uncoverings, Band 5, 1984, Seite 83 – 98

7 Sally Garoutte, Marseille Quilts and Their Woven Offspring, in: Uncoverings, Band 3, 1982, Seite 115 – 134

8 Averil Colby, Patchwork, London 1958, Reprint 1983, Seite 86/87

9 Barbara von Roemer, Patchwork und Quilts, Stuttgart 1982, Seite 14/15

10 Katalog zur Ausstellung »Gold der Skythen«, München 1984, Seite 178 – 185, 198

11 Averil Colby, Patchwork, London 1958 (1983), Seite 21, Abb. 109

12 Annegret Haake, Vortrag anläßlich einer Ausstellung »Patchwork, Quilt, Javanische Batik« am 11. 12. 1985 in Kronberg/Taunus

13 Hinweis von Dr. Hartmut Wallravens, Hamburg, Quelle: Morohashi, T.: Dai Kan-Wa Jiten, Nr. 22679444, in der als Belegstelle das buddhistische Werk Fo ma chih tu lun (ohne Datum) angegeben wird.

14 Torvald Faigre, Tents – Architecture of the Nomads, London 1979, Seite 12 – 17

15 H.R. Dickson, The Arab of the Desert, Bedawin Life in Kuweit and Saudi-Arabia, London 1949, Seite 66 – 75

16 T. Faigre, w.o., Seite 65/70

17 M. Breitenbach, Im Land der Wilden Reiter, Frankfurt 1981; Dorit Berger, Kirghisische Yurten in: Deutsches Textilforum 1/1982, Seite 19

18 Peter Jaeckel, Anmerkungen zur Türkenbeute, in: Katalog Türkische Kunst und Kultur aus osmanischer Zeit, Band 2, Recklinghausen 1985, Seite 351 – 353

19 Die Türkenbeute – Bildheft des Badischen Landesmuseums, Karlsruhe 1970; Agnes Geijer, Oriental Textiles in Sweden, Kopenhagen 1951, Seite 71

20 Harriet Bridgeman und Elizabeth Drury (Hrsg.), Geschichte der Textilkunst, Ravensburg 1978, Seite 282, Tafel 100

21 Die Bibel, nach der Übersetzung von Martin Luther, Württembergische Bibelanstalt Stuttgart 1962, 2. Mose, 25,4 und 26,1

22 Die Bibel w.o., Hesekiel 27,7

23 Bilderbibel aus dem Pantheon, römische Schule, 12. Jh., Bibliotheca Vaticana, (MS.Vat.Lat. 12958, c. 60 v.) Vatikan

24 Kurt Zipper, Ägyptische Zeltteppiche in: Kunst und Antiquitäten III/1978, Seite 10 – 12

25 Zum Beispiel im Völkerkundemuseum Berlin und Museum of Mankind, London

26 F.E. Forbes, Dahomey and the Dahomans, being the Journals of two Missions to the King of Dahomey and Residence of his Capital in the Years 1849 and 1950, 2 Bände, London 1851

27 Monni Adams, Fon Appliqued Cloths, in: African Art UCLA, Band 13, Nummer 2, Februar 1980, Seite 28 – 41

28 R. Gardi, Unter Afrikanischen Handwerkern, Bern 1969, Seite 224 – 229

29 M. Adams, w.o., Seite 34

30 Jill Salmons, Funary Shrine Cloths of the Annang Ibibio, South East Nigeria, in: Textiles of Africa, Hrsg. Dale Indiens und K.G. Ponting, Bath 1980, Seite 120 – 139

31 Vickie C. Elson, Dowries from Kutch, Ausstellungskatalog Museum of Cultural History, Los Angeles 1975

32 Eberhard Fischer, Rural Craftsmen and Their Work, National Institute of Design, Ahmedabad 1970, Seite 183 ff

33 John Irwin und Margret Hall, Historical Textiles of India at the Calico Museum, Ahmedabad 1973, Seite 118

34 Bunting, Sindhi Tombs and Textiles – The Persistance of Pattern, Seite 63, 64. Hinweis von Frau Eder, Stuttgart

35 Irwin und Hall, w.o., Seite 85

36 R. Christoffel, Sind Korak wirklich Korak?, in: Schweizerische Arbeitslehrerinnen Zeitung 3/ 1982. Hinweis von Herrn Adolf Siegrist, Basel

37 N. Kaplan und S. Ivanov (Hrsg.), In The Land of Reindeer, Leningrad 1974, Seite 7/8

38 Paul und Elaine Lewis, Völker im Goldenen Dreieck, Stuttgart 1984, Seite 11

39 Grundlegend hierzu: P. und E. Lewis, w.o. und Lauri Linch und Alice Schmude, Hmong Needle Treasures, in: Quilters Newsletter Magazine, Oktober 1984, Seite 18 – 22

40 Grundlegend hierzu: Textiles of Japan III, Okinawan, Ainu and Foreign Designs, compiled by the Japan Textile Colour Center, London 1980, Seite 19 – 23

41 Seiroku Noma, Japanese Costume and Textile Arts, New York, Tokio 1974, Seite 157

42 Seiroku Noma, w.o., Seite 116 ff

43 Venice Lamb, West African Weaving, London 1980, Seite 14/15

44 Karl Martin, Reisen in die Molukken, Leiden 1894, Tafel XVIII; José Casal, The People and Art of Philippines, Los Angeles 1981, Seite 142/143

45 Heide Nixdorff, Europäische Volkstrachten, Band I, Tschechoslowakei, Berlin 1977, Seite 154 – 157

46 Günther Hartmann, Molakana – Volkskunst der Cuna, Panama, Berlin 1980

47 Sally und Richard Price, Afro-American Arts of the Surinam Rain Forest, Los Angeles 1980, Seite 47 Personal Adornment

48 Hochzeitskleid in Patchworktechnik, aus Ottomane und Satin, im August 1969 von ihrer Königlichen Hoheit Madame la Duchesse d'Orleans bei Yves Saint Laurent in Auftrag gegeben. Ausstellungskatalog Metropolitan Museum of Art (Hrsg.), New York, Berlin 1984, Abb. 15, Nr. 79

49 Gerhard Schweizer, Die Derwische, Salzburg 1980, Seite 57

50 Margit Reichelt Jordan, Patchwork und Applikationen, München 1982, Seite 38; Pamela Clabburn, Patchwork, Shire Album 101, GB-Aylesbury, 1983, Seite 23

51 J. Dupuis, Journal of a Residence in Ashantee, London 1924 (Reprint 1966)

52 Venice Lamb, West African Weaving, London 1980, Seite 145/146

53 Heinrich Barth, Reisen und Entdeckungen in Nord- und Central-Afrika in den Jahren 1849 bis 1855, erschienen 1857 und 1858, Staatsarchiv Hamburg

54 GEO-Magazin, 26.8.1985, Eine Reise nach Afrika, Seite 9 ff; Uwe George (wichtig S. 38/39)

55 Annegret Haake, Javanische Batik, Hannover 1984, Seite 61, sowie Vortrag anläßlich einer Ausstellung: »Patchwork, Quilt, Javanische Batik« am 11.12.1985 in Kronberg/Taunus sowie darüber hinausgehende Hinweise: Mattiebelle Gittinger, Splendid Symbols – Textiles and Tradition in Indonesia, Washington 1979, Seite 123, Abb. 84/85; Mary Hunt Kahlenberg, Textile Traditions of Indonesia, Los Angeles 1977, Seite 61; Inger McCabe Elliot, Tambal – Patchwork – Batik, New York 1984

56 Victoria & Albert Museum, London: Notes on Patchwork, Her Majesty's Stationary Office 1949 – dieses kleine Heft war ganz offensichtlich eine Quelle für viele Autoren, die über Patchwork geschrieben haben.

57 Harriet Bridgeman und Elizabeth Drury (Hrsg.), Geschichte der Textilkunst, Ravensburg 1978, Seite 186

58 Lenice Ingram Bacon, American Patchwork Quilts, New York 1973, Seite 31 z.B.

59 Bridgeman und Drury, Seite 132/133; Annarosa Garzelli, Il ricamo nella attivita artistica di Pollaiuolo, Botticelli, Bartolo di Giovanni, Florenz 1973

60 Bridgeman und Drury, Seite 197/198

61 Bacon, Seite 44

62 Bridgeman und Drury, Seite 233/234

63 Erich Meyer Heisig, Weberei, Nadelwerk, Zeugdruck, München 1956, Seite 59 ff; R. Jaques, Deutsche Textilkunst, 1953, Seite 169 – 171

64 Mechthild Scholten-Neess, Ein Hungertuch aus Geldern, in: Geldricher Heimatkalender, 1970, Seite 126 ff

65 Averil Colby, Patchwork, London 1958, Reprint 1983, Seite 96 ff

66 Barchent ist ein Gewebe mit Leinenkette und Baumwollschuß. Es hat den Charakter von grobem Baumwollflanell.

67 Hazel Clark, Textile Printing, Aylesbury 1985; Shire Album 135, Seite 6 ff

68 Colby, Patchwork, Seite 103

69 Marguerite Ickis, Quilt Making, New York 1949, Seite 258/259

70 John Smith, Generall History of Virginia, London 1624

71 Grundlage dieser Ausführung waren insbesondere Charlotte Lütkens, Die Gründung des englischen Kolonialreiches in Nordamerika, in: Ciba-Rundschau 39/40, Juli/August 1939, Seite 1435 – 1440 und Barbara Tuchmann, Die Torheit der Regierenden, 4. Kapitel: Die Briten verlieren Amerika, Frankfurt 1984, Seite 158 – 259

72 Averil Colby, Patchwork, London 1958, Seite 29; Hazel Clark, Textile Printing, Aylesbury 1985

73 Averil Colby's Buch über Patchwork ist bisher das Umfassendste, das über die englische Patchworkgeschichte berichtet. Ihre detaillierten Ausführungen sind sehr lesenswert, konnten hier jedoch nur stark reduziert wiedergegeben werden.

74 Marguerite Ickis, Quilt Making, New York 1949, Seite 259

75 Die »Navigation Act« aus den Jahren 1651, 1660, 1663 und 1673 hatte den Zweck, die Kolonien in wirtschaftlicher Abhängigkeit von England zu halten. Der gesamte Handel mit den Kolonien durfte nur auf englischen Schiffen vor sich gehen. Jede Textilherstellung war in den Kolonien verboten. »Zucker, Tabak, Baumwolle, Indigo, Ingwer, Gelb- und andere Farbhölzer, die in unseren asiatischen, afrikanischen oder amerikanischen Kolonien angebaut oder erzeugt werden, dürfen von diesen Kolonien nur nach England, Irland oder andere Besitzungen seiner Majestät verladen werden. «

76 Jonathan Holstein, The Pieced Quilt, Boston 1973, Seite 26

77 Charlotte Lütkens, Die Textilgewerbe in der Kolonialzeit, in: Ciba-Rundschau 39/40, Juli/August 1939, Seite 1442 – 1447; Petra Mattern-Pabel, Patchwork-Quilt, Hannover 1981, Seite 22/23

78 Hazel Clark, Textile Printing, Aylesbury 1985, Seite 17 ff (Shire Album 135)

79 Charlotte Lütkens, Anfänge der nordamerikanischen Baumwollindustrie, in: Ciba-Rundschau 39/40, Juli/August 1939, Seite 1448 – 1452

80 Carleton S. Safford und Rober Bishop, America's Quilts and Coverlets, New York 1980, Seite 29

81 Barbara Brackman, Dating Old Quilts, Teil 4, in: Quilters Newsletter Magazine, Januar 1985, Seite 25

82 Grundlegend hierzu: Charlotte Lütkens; Anfänge der nordamerikanischen Baumwollindustrie, in: CIBA-Rundschau 39/40, Juli/Aug. 1939, Seite 1448 – 1452 und diess., Die Entkörnungsmaschine von Eli Whitney, in: CIBA-Rundschau 39/40, Juli/Aug. 1939; Jonathan Holstein, The Pieced Quilt, Boston 1973, Seite 29 ff; Barbara Brackman, Dating old Quilts, Teil 1 und 5, in: Quilter's Newsletter Magazine, September 1984 und Februar 1985

83 James M. Liles: Dyes in American Quilts before 1930, in: Uncoverings 5, Mill Valey CA 1985

84 Tandy Hersh, Some Aspects of an 1809 Quilt, in: Uncoverings, Band 3, 1982, Seite 4

85 Jean Taylor Federico: White Work Classification System in: Uncoverings, Band 1, 1980, Seite 68

86 Wahrscheinlich gab es überhaupt keine Patchwork- oder Applikationsquilts, die vor 1750 in Nordamerika hergestellt worden sind. Es gab importierte Quilts und die besprochenen Wholecloth-Quilts. Siehe auch: Sally Garoutte, Early Colonial Quilts in a Bedding Context, in: Uncoverings, Band 1, 1980, Seite 18 ff und Florence Peto, New York Quilts, in: New York History, Band 30, Nummer 3, Juli 1949

87 Bisher wurde der sogenannte »Saltonstall-Quilt«, datiert auf 1704, als der älteste erhaltene nord-amerikanische Patchworkquilt angesehen. Er hat ein geometrisches Muster aus Brokatseide und Samt, das teilweise mit einer Papiereinlage (Harvard College Katalog von 1701) unterlegt ist. Ann Farnam, Kuratorin im Essex Institute Salem, schlägt nach eingehender Untersuchung das späte 18. oder frühe 19. Jh. als Datierungszeitraum vor. Dazu: Barbara Brackman, A Chronological Index to Pieced Quilt Patterns, in: Uncoverings, Band 4, 1983, Seite 102; diess., Dating old Quilts, Teil 6, in: Quilter's Newsletter Magazine, März 1985, Seite 23

88 Jonathan Holstein, The Pieced Quilt, Boston 17973, Seite 27

89 Tandy Hersh, Some Aspects of an 1809 Quilt, in: Uncoverings, Band 3, 1982, Seite 11

90 Ruth Finley, Old Patchwork Quilts, 1929, Reprint 1983, Seite 23

91 Marguerite Ickis, Quilt Making, New York 1949, Seite 260/262

92 Der Große Brockhaus, Wiesbaden 1957, Band 12, Seite 104 ff;
    Ruth Finley, Old Patchwork Quilts, Philadelphia 1929, Reprint 1983

93 Lenice I. Bacon, American Patchwork Quilts, New York 1973

94 Ellen F. Eanes, Nine Related Quilts of Mecklenburg County, 1800 – 1840, in: Uncoverings, Band 3, 1983, Seite 25 – 42

95 Lydia Maria Child, The American Frugal Housewife, New York 1845, Seite 1

96 Lynn A. Bonfield, The Production of Cloth, Clothing and Quilts in 19th New England Homes, in: Uncoverings, Band 2, Seite 84

97 Grundlage für diese Aufzählung war: Barbara Brackman, A Chronological Index to Pieced Quilt Patterns 1775 – 1825, in: Uncoverings, Band 4, 1983, Seite 99 ff. Dort sind 139 nordamerikanische Patchwork-Quilts aufgeführt, von denen zum Beispiel mindestens 15 jeweils aus New York, Neu-England und Pennsylvania stammen.

98 Judy Mathieson, Mariner's Compass, in: Uncoverings, Band 2, 1981, Seite 12

99 Jinny Beyers, The Quilter's Album of Blocks and Borders, London 1980, Seite 3

100 zum Beispiel: Yvonne Khin, The Collectors Dictionary of Quilt Names and Patterns, Washington 1980, und John L. Oldani, Folklore Archive at Southern Illinois University, Box 43, SIUE, Edwardsville, IL 62025

101 Carrie E. Hall und Rose G. Kretsinger, The Romance of the Patchwork Quilt, Kansas 1935, Seite 79

102 Hall und Kretsinger, Seite 91

103 Die verschiedenen Gestaltungsarten von Patchworkquilts systematisierte Jonathan Holstein in seinem Buch »The Pieced Quilt«, Boston 1973, Seite 17/18

104 Lenice Ingram Bacon, American Patchwork Quilts, New York 1973, Seite 15

105 Hall und Kretsinger, Seite 65

106 Hall und Kretsinger, Seite 64 und 66; Cuesta Benberry, White Perceptions of Blacks in Quilts and related Media, in: Uncoverings, Band 4, 1983, Seite 61

107 Ruth Finley, Old Patchwork Quilts, Philadelphia 1929, Reprint 1983, Seite 109

108 Hall und Kretsinger, Seite 75

109 Hall und Kretsinger, Seite 101

110 Hall und Kretsinger, Seite 119

111 Ruth Finley, Seite 111 und Katy Christopherson, The Political and Campaign Quilt, Lexington, Kentucky 1984

112 Hall und Kretsinger, Seite 116

113 Frankfurter Allgemeine Zeitung vom 23.10.1985, Seite 8

114 John Rice Irwin, A People and Their Quilts, Exton, Pennsylvania 1983, Seite 53

115 Jonathan Holstein, The Pieced Quilt, Boston 1973, Seite 26

116 Patsy und Myron Orlofsky, Quilts in America, New York 1974

117 Ausführlicher wird diese Thematik bei Jonathan Holstein, w.o., Seite 88/89 und Averil Colby, Quilting, London 1972, Reprint 1983, ab Seite 40 behandelt.

118 Im »Home Needlework Magazine« von 1899 wird für Payson's unauslöschbare Tinte geworben, um Leinen, Seide und Baumwolle zu markieren. Ein Zusatz prahlt damit, daß Payson seit über 65

Jahren ein Begriff für den Haushalt sei... Man kann daraus schließen, daß Payson's seit ca. 1834 auf dem Markt war. Siehe dazu auch ausführlich: Linda Otto Lipsett, Remember me, San Francisco 1985, Seite 16 – 18

119 Eine Auswahl der wichtigsten Titel zu diesem Themenkreis: Florence Montgomery, Printed Textiles: English and American Cottons and Linnens 1700 – 1850, New York 1970; Patsy und Myron Orlofsky, Quilts in America, New York 1974; Florence Pettit, America's Printed and Painted Fabrics 1600 – 1900, New York 1970; Dena S. Katzenberg, Baltimore Album Quilts, The Baltimore Museum of Art, 1982, Seite 33 – 37 mit einer ausführlichen Bibliographie zum Thema Stoffe – Stoffdrucke in den USA; Katherine R. Koob, Documenting Quilts by Their Fabrics, in: Uncoverings, Band 2, 1981, Seite 3 – 9; James M. Liles, Dyes in American Quilts Made Prior to 1930 with special emphasis on cotton and linen, in: Uncoverings, Band 5, 1984, Seite 29 ff; eine gute Übersicht gibt Barbara Brackman in sechs Folgen im Quilter's Newsletter Magazine unter dem Titel: Dating Old Quilts. September 1984, Seite 24 ff; Oktober 1984, Seite 26 ff; November/Dezember 1984, Seite 16 ff; Januar 1985, Seite 28 ff; Februar 1985, Seite 22 ff; März 1985, Seite 22 ff

120 Kate Greenaway lebte von 1846 bis 1901 und war eine populäre Kinderbuchautorin und Illustratorin. »Under the Window« von 1879 ist eines ihrer berühmtesten Bücher.

121 Bei Florence Pettit wird das Farbschema der Paisley-Drucke als »The Madder-Style« bezeichnet, da alle Motivteile mit Krapp gedruckt werden konnten und nur mit Beizen unterschiedlicher Intensität für die verschiedenen Farbabstufungen nachbehandelt werden mußten.

122 Grundlegend für diese Ausführungen ist die unter Anmerkung 119 aufgeführte Literatur.

123 »Godeye's Lady's Book Magazine« wurde seit den frühen dreißiger Jahren des 19. Jahrhunderts von der Neu-Engländerin Sarah J. Hale herausgegeben und erreichte bis zum Civil War eine Auflage von 150.000.

124 Jinny Beyer, The Quilter's Album of Blocks & Borders, London 1982, 1. Kapitel, Seite 3 ff; Virginia Gun, Viktorian Silk Template Patchwork in American Periodicals 1850 – 1875, in: Uncoverings, Band 4, 1983, Seite 9 – 25

125 Jonathan Holstein, The Pieced Quilt, Boston 1973, Seite 115/116

126 Sandi Fox, The Log Cabin – An American Quilt on the Western Frontier, in: The Quilt Digest, Nummer 1, San Francisco 1983, Seite 6 – 13

127 Robert Cargo, Long Remembered – an Alabama Pioneer and her Quilts, in: The Quilt Digest 3, 1985, Seite 63/65

128 Barbara Brackmann, Chronological Index to Pieced Quilt Patterns 1775 – 1825, in: Uncoverings, Band 4, 1983, Seite 104/110

129 Carrie Hall und Rose Kretsinger, Romance of the Patchworkquilt in America, Kansas 1935, Seite 56/57, Nummer 12

130 Robert Bishop, Quilts, Coverlets, Rugs and Samplers, New York 1982, Seite 112

131 Barbara Brackmann, Chronological Index..., Seite 99 ff

132 Hall und Kretsinger, Seite 56/57, Nummer 13 und Seite 54/55, Nummer 9

133 Judy Matthieson, Some Published Sources of Design Inspiration for the Quilt Pattern Mariner's Compass – 17th to 20th Century, in: Uncoverings, Band 2, 1981, Seite 11 – 18

134 Carter Houck und Myron Miller, American Quilts and How to Make them, New York 1975, Seite 159

135 Meine Ausführungen stützen sich im wesentlichen auf Linda Lipsett, A Piece of Ellen's Dress, in: The Quilt Digest, 2, San Francisco 1984; diess., Remember me – Women and Their Friendship Quilts, San Francisco 1985

136 Grundlegende Literatur dazu ist: Dena S. Katzenberg, Baltimore Album Quilts, Baltimore Museum of Art 1982; Carleton Safford und Robert Bishop, American Quilts and Coverlets, New York 1972, Seite 145 ff

137 Patricia T. Herr, The Pennsylvania Germans – A Celebration of Their Arts 1683 – 1850, Philadelphia Museum of Art

138 Dena S. Katzenberg, w.o., Seite 14

139 Penny McMorris, Crazy Quilts, New York 1984, Seite 11

140 Ruth Finley, Old Patchwork Quilts and the Women Who Made Them, 1929, Reprint 1983, Charles T. Branford Comp., Seite 32

141 Virginia Gunn, Victorian Silk Template Patchwork in American Periodicals 1850 – 1875 in: Uncoverings, Band 4, 1983, Seite 9 – 25

142 In England näht man normalerweise keine Blöcke. Statt dessen werden einzelne Teile (z.B. Rauten, Sechsecke) auf Papierschablonen geheftet und sukzessive aneinandergenäht. Erst wenn das Werkstück fertig ist, werden die Schablonen herausgenommen.

143 Penny McMorris, w.o., Seite 12

144 Virginia Gunn, Crazy Quilts and Outline Quilts 1876 – 1893 in: Uncoverings, Band 5, 1984, Seite 131 – 152

145 Virginia Gunn, Crazy Quilts, w.o., Seite 132

146 Penny McMorris, w.o., Seite 63 ff

147 Meine Ausführungen stützen sich im wesentlichen auf Penny McMorris und Virginia Gunn sowie Sally Garoutte, The Development of Crazy Quilts, in: Quilter's Journal, Herbst 1978, Seite 13 – 18

148 Rachel and Kenneth Pellman, The World of Amish Quilts, Inercourse, Pennsylvania 1984, Seite 8/9
Die Amish meinen, daß ihr Lebenswandel und ihr Handeln in jeder Phase ihres Lebens ihren festen Glauben widerspiegeln muß. Auf der Welt zu sein ohne von dieser Welt zu sein ist ein Konzept, das sie konsequent praktizieren (R. und K. Pellmann, Seite 104). Durch eine strenge Kleiderordnung, eine andere Sprache (deutsch) und ein unabhängiges Schulsystem grenzen sie sich rein äußerlich von der allgemeinen Gesellschaft ab, die sie »the English« und deren Lebensstil sie »of the world« nennen. Die religiöse und freundschaftliche Gemeinschaft, in die sie hineingeboren werden und für die sie sich als junge Erwachsene ausdrücklich entscheiden müssen, wird zum Gewissen jedes einzelnen. Anhand der aufgestellten »Ordnung« befindet die Gemeinschaft über die Aufrichtigkeit der Anhängerschaft und über das, was man tun und lassen soll. Als Amish ist man auf die Unterstützung und Freundschaft der Familie, Gemeinschaft und Kirche angewiesen. Sie ist der Hafen, der einen vor den zerstörerischen Einflüssen in der Welt beschützt. Integration in die allgemeine Gesellschaft der »English« zieht unweigerlich den Ausschluß aus der Sekte nach sich. Alles, was demnach der Entfremdung Vorschub leisten könnte, wird verpönt. Aus diesem Grund stehen die Amish den Errungenschaften des Industriezeitalters sehr skeptisch gegenüber. Sie lehnen es ab, die Elektrizität von lokalen Kraftwerken zu beziehen, da diese ständige Verfügbarkeit von elektrischem Strom den Zusammenhalt der Familie empfindlich stören könnte. Statt dessen leben sie mit Gaslampen, die gefüllt, angezündet und von Raum zu Raum getragen werden müssen. Diese Entscheidung beinhaltet schon in sich selbst Abend für Abend den physischen Zusammenhalt der Familie. Mit Dieselmotoren erzeugen sie die nötige Energie, um die Kühlanlagen für die Milch auf ihren Farmen, aber auch Haushaltsgeräte und Werkzeuge zu betreiben, deren Gebrauch nicht gegen die Grundsätze der Gemeinschaft verstößt. Autos und Traktoren werden durch Pferde und Mulis ersetzt, da sie zu Fahrten verleiten könnten, die dem alltäglichen Zusammensein mit der Familie entgegenstehen.

149 Robert Bishop und Elizabeth Safanda, A Gallery of Amish Quilts, New York 1976, Seite 7

150 Bishop und Safanda, Seite 25

151 R. und K. Pellman, Seite 102

152 Bishop und Safanda, Seite 11; Frances Lichten, Folk Art of Rural Pennsylvania, 1946

153 Bishop und Safanda, Seite 16

154 Phyllis Haders, Sunshine and Shadow – The Amish and Their Quilts, New York 1976

155 Bishop und Safanda, Seite 23

156 Jonathan Holstein, The Pieced Quilt – An American Design Tradition, Boston 1973, Seite 99

157 Bishop und Safanda, Seite 25

158 R. und K. Pellman, Seite 68 ff

159 Cuesta Benberry, Afro-American Quilts, in: Quilting II with Penny McMorris, Bowling Green, Ohio 1982, Seite 53. Grundlegende Literatur zu diesem Thema: Maude Wahlman, The Art of Afro-American Quiltmaking: Origin, Development and Significance, Indiana University Press 1982; Maude Wahlman und John Scully, Afro-American Folk Arts and Crafts, New York 1982

160 Cuesta Benberry, Afro-American Women and Quilts in: Uncoverings, Band 1, 1980, Seite 64 – 67

161 Cuesta Benberry, Quilting II, Seite 53

162 Lacy Folmer Bullard, Once Out Of Time, Charleston Museum, North Carolina, in: Quilt Digest 3, San Francisco 1985

163 Gladis Mary Fry über Harriet Powers, in: Quilting II, Seite 54/55

164 Maude Wahlman, Design Characteristics, in: Quilting II, Seite 55

165 Beverly Rush und Lassie Wittmann, Seminole Patchwork, Seattle 1982, Seite 1, Seite 97 ff und 111 ff

166 Maude Wahlman, Design Characteristics, in: Quilting II, Seite 56

167 Cuesta Benberry, White Perceptions of Blacks in Quilts and Related Media, in: Uncoverings, Band 4, 1983, Seite 59 ff

168 Elizabeth Akana, Ku'u Hae Aloha, in: Quilt Digest 2, San Francisco 1984, Seite 70. Grundlegende Literatur zu diesem Thema: Elizabeth Akana, Hawaiian Quilting: A Fine Art, mit Ausstellungskatalog des Mission House Museums, Honolulu 1981; Thomas K. Woodard und Blanche Greenstein, Hawaiian Quilts: Treasures of an Island Folk Art, Ausstellungskatalog des American Museum of Folk Art, New York 1979

169 E. Akana, w.o., Seite 72

170 Kynn Synder Rice, The Hawaiian Quilt, in: Art & Antiques, Mai, Juni 1981, Seite 102

171 Charleton Safford und Robert Bishop, Americas Quilts and Coverlets, New York 1980, Seite 198

172 Joyce Cross, Hawaiian Applique, in: Quilting II with Penny McMorris, Bowling Green, Ohio, 1982, Seite 45

173 E. Akana, w.o., Seite 72

174 Joyce Gross, w.o., Seite 47

175 E. Akana, w.o., Seite 74 bis 76

176 Barbara Brackman, Dating Old Quilts, Teil 3, in: Quilter's Newsletter Magazine, November/ Dezember 1984, Seite 16

177 Barbara Brackman, w.o., Seite 17

178 Barbara Brackman, Quilts from Feed Sacks, in: Quilter's Newsletter Magazine, Oktober 1985, Seite 38

179 Barbara Brackman, Quilts from Feed Sacks, w.o., Seite 36 ff

180 Jinny Beyer, The Quilter's Album of Blocks and Borders, London 1980, Seite 131

181 Jinny Beyer, w.o., Seite 136

182 Robert Bishop, Quilts, Coverlets, Rugs & Samplers, New York 1982, Seite 105

183 Jinny Beyer, w.o., Seite 135

184 Robert Bishop, w.o., Seite 150

185 Robert Bishop in: American Folk Art, New York 1983, Katalog zu einer Ausstellung des American Folk Art Museums, New York, im Stadtmuseum München und im Altonaer Museum, Hamburg, Seite 6

186 Besondere geographische und wirtschaftliche Gegebenheiten im Bereich der Südappalachen führten dazu, daß dort das traditionelle Quilting in ununterbrochener Folge seit der Kolonialzeit bis heute fortbesteht. Barbara von Roemer, Patchwork und Quilts in den USA, in: Deutsches Textilforum 2/84, Seite 27

187 Barbara von Roemer, w.o., Seite 26 – 28

188 Englische Quilter's Guild 2000 (1983) Mitglieder seit 1979; Holländische Quilter's Gilde 500 (1985) Mitglieder seit 1983; Deutsche Patchwork Gilde 400 (1986) Mitglieder seit 1985

189 Barbara Roemer, w.o., Seite 27

190 Katalog: The Artist and The Quilt, Hrsg. Charlotte Robinson, New York 1983

191 Katalog: The Artist's Quilts, Hrsg. Ludy Strauss, La Jolla Museum, Californien 1981

192 Katalog: The Quilt – New Directions for an American Tradition, Quilt National, Schiffer Publ. Lim. Exton, Pennsylvania 1983; Katalog: Quilts – The State of an Art, Quilt National, Schiffer Publ. Lim. Exton, Pennsylvania 1985

193 Michael James, The State of an Art, im Katalog zu Quilt National 1983, Seite 6

194 Nützliche Hinweise findet man bei: Robert Bishop, Quilts, Coverlets, Rugs & Samplers; The

Knopf Collector's Guides to American Antiques, New York 1982; Phyllis Haders, The Main Street Pocket Guide to Quilts, Pittstown, New Jersey 1982

195 Patsy Orlofsky, The Collector's Guide for the Care of Quilts in the Home, Quilt Digest 2, San Francisco 1984 – mit Sicherheit die einzig ernst zu nehmenden Ratschläge auf diesem Gebiet. Anleitungen zum Aufspannen von Quilts können bei: Smithonian Institution, The National Museum of History and Technology, Washington D.C. 20560, bestellt werden. (Mounting Large Textiles on a Frame, Division of Textiles)

Literaturverzeichnis

Es gibt inzwischen eine kaum mehr zu übersehende Fülle englischsprachiger Publikationen zum Thema Patchwork und Quilt. Anleitungsbücher, die man in den USA sogar im Supermarkt kaufen kann, habe ich weitestgehend ausgeschlossen, soweit sie nicht wichtige Aspekte für die Quiltforschung enthalten. Es wurden vor allem Titel berücksichtigt, die das Weiterstudium und das Vertiefen in den Themenkreis ermöglichen. Vieles, was dort gesagt wird, konnte ich nur andeuten. Gezielte Hinweise geben die Anmerkungen, deren Studium nicht durch die Bibliographie ersetzt werden kann. Nur dort sind beispielsweise Fachaufsätze genauer angegeben.
Meine Ausführungen geben eine Übersicht zum Stand der Forschung bis Mitte 1985 auf der Basis folgender Publikationen:

Akana Elizabeth: Hawaiian Quilting, A Fine Art; Katalog des Mission House Museums, Honolulu 1981

American Folk Art, Hrsg. American Folk Art Museum, New York, als Ausstellungskatalog im Stadtmuseum, München und Altonaer Museum Hamburg 1982/1983

Bacon, Lenice Ingram: American Patchwork Quilts; William Morrow & Comp. Inc., New York 1973

Bannister, Barbara: The United States Pattern Patchwork Book; Dover Publ., New York 1976

Betterton, Sheila: Quilts and Coverlets from the American Museum in Britain; Butler & Tanner Ltd., London/Bath 1978

Beyer, Jinny: The Quilter's Album of Blocks and Borders; Bell & Hyman Lim., London 1980

Beyer, Jinny: Patchwork Patterns; EPM Publications, McLean, Virginia 1979

Bishop, Robert: New Discoveries in American Quilts; E.P. Dutton, New York 1975

Bishop, Robert und Safanda, Elizabeth: A Gallery of Amish Quilts, Design Diversity from a Plain People; E.P. Dutton, New York 1976

Bishop, Robert u.a.: Quilts, Coverlets, Rugs and Samplers. The Knopf Collector's Guide, New York 1982

Bridgeman Harriet und Drury, Elizabeth: Geschichte der Textilkunst, Ravensburg 1978

Christopherson, Katy: The Political and Campaign Quilt, Lexington, Kentucky 1984

Clabburn, Pamela: Patchwork; Shire Album 101, GB-Aylesbury 1983

Clark, Hazel: Textile Printing; Shire Album 135, GB-Aylesbury 1985

Colby, Averil: Patchwork, B.T. Batsford Ltd., London 1958, Reprint 1976 und 1983

Colby, Averil: Quilting, B.T. Batsford Ltd., London 1972, Reprint 1976 und 1983

Deutsches Textilforum Heft Juni/1984: Patchwork und Quilt, Hannover 1984

Finley, Ruth: Old Patchwork Quilts and the Women Who Made Them; Philadelphia 1929; Charles T. Branford, Newton Centre, Massachusetts 1971, Reprint 1983

Freeman, June: Quilting, Patchwork and Appliqué 1700 – 1982 – Sewing as a Womens Art; Crafts Council, London 1983

Geijer, Agnes: A History of Textile Art; Pasold Research Fund, Stockholm 1979

Haders, Phyllis: Sunshine and Shadow – The Amish and Their Quilts; Universe Books, New York 1976

Haders, Phyllis: The Main Street Pocket Guide to Quilts; The Main Street Press, Pittstown, New Jersey 1983

Hall, Carrie A. und Kretsinger, Rose G.: The Romance of the Patchwork Quilt in America; Bonanza Books, New York, n.d. Reprint der Ausgabe von 1935

Hechtlinger, Adelaide: American Quilts, Quilting and Patchwork; Galahad Books, New York 1974

Herr, Patricia T.: The Pennsylvania Germans – Celebration of Their Arts 1683 – 1850, Philadelphia Museum of Art

Holstein, Jonathan: The Pieced Quilt – An American Design Tradition, New York Graphic Society, Boston 1973

Holstein, Jonathan und Finley, John: Kentucky Quilts 1800 – 1900, The Kentucky Quilt Project; Pantheon Books, New York 1982

Hommage to Amanda – Two Hundred Years of American Quilts, Sammlung von Edwin Binney & Gail Binney-Winslow; R.K. Press, San Francisco 1984

Houck, Carter und Miller, Myron: American Quilts and How to Make Them; Charles Scribner's Sons, New York 1975

Ickis, Marguerite: Quilt Making and Collecting, New York 1949, Reprint o.A.

Irish Patchwork, Hrsg. Meldrun Alex; Kilkenny Design Workshops 1979

Irwin, John Rice: A People and Their Quilts; Schiffer Publ., Exton, Pennsylvania 1983

Katzenberg, Dena S.: Baltimore Album Quilts; Baltimore Museum of Art, Ausstellungskatalog 1982

Khin, Yvonne: The Collector's Dictionnary of Quilt Names and Patterns; Acropolis Books, Washington D.C. 1980

Klüser, Verena: Amerikanische Quilts; Schellmann & Klüser, München 1983

Lichten, Frances: Folk Art of Rural Pennsylvania; Charles Scribner's Sons, New York 1946

Mattera, Joanne: The Quiltmaker's Art – Contemporary Quilts and Their Makers; Lark Books, Asheville, North Carolina 1982

Mattern-Pabel, Patchwork Quilt; Verlag M&H Schaper, Hannover 1981

McKim, Ruby: One Hundred and One Patchwork Patterns; Dover Publ., New York 1962

McMorris, Penny: Crazy Quilts; E.P. Dutton, New York 1984

McMorris, Penny: Quilting II, Bowling Green State University, WBGU-TV Begleitheft, Ohio 1982

Montgomery, Florence: Printed Textiles: English and American Cottons and Linens 1700 – 1850; Viking Press, New York 1970

Morgan, Mary und Mosteller, Dee: Trapunto; Charles Scribner's Sons, New York 1977

Nelson, Cyril und Houck, Carter: The Quilt Engagement Calendar Treasury; E.P. Dutton, New York 1982

Orlofsky, Patsy & Myron: Quilts in America; McGraw Hill Book, New York 1974

Otto Lipsett, Linda: Remember Me – Women and Their Friedship Quilts; The Quilt Digest Press, San Francisco 1985

Pellman, Rachel und Kenneth: The World of Amish Quilts; Good Books, Intercourse, Pennsylvania 1984

Pettit, Florence: America's Printed and Painted Fabrics 1600 – 1900; Hasting's House, New York 1970

Pottinger, David: Quilts from the Indiana Amish – A Regional Collection; E.P. Dutton, New York 1983

Quilt Digest, Band 1, 2, 3, 4; The Quilt Digest Press, San Francisco 1983, 1984, 1985, 1986

The Quilt – New Directions for an American Tradition; Quilt National Katalog, Athens, Ohio 1983

Quilts – The State of an Art: Quilt National Katalog, Athens, Ohio 1985

Reichelt-Jordan, Margit: Patchwork und Applikationen; Heyne, München 1982

Robinson, Charlotte (Hrsg.): The Artist and the Quilt – Katalog Alfred A. Knopf, New York 1983

Roemer, Barbara von: Patchwork und Quilts; Paul Haupt Verlag, Stuttgart, Bern 1982

Rush, Beverly und Wittmann: Seminole Patchwork; Madrona Publ., Seattle 1982

Safford, Charleton L. und Bishop, Robert: America's Quilts and Coverlets; E.P. Dutton, New York 1982

Schaepper, Linda: Ausstellungskatalog Paris 1982

Strauss, Ludy: The Artist's Quilts-Katalog; La Jolla Museum, Californien 1981

Stevens, Napua: The Hawaiian Quilt; Service Printers, Honolulu 1971

Uncoverings, Volume 1-6, Hrsg. Sally Garoutte, American Quilt Study Group, 105 Molino Avenue, Mill Valley, CA 94941; 1980, -81, -82, -83, -84, -85

Victoria & Albert Museum: Notes on Patchwork; Her Majesty's Stationary Office, London 1949

Wiss, Audrey und Douglas: Folk Quilts and How to Recreate Them; The Main Street Press, Pittstown, New Jersey 1983

Woodard, Thomas K. und Greenstein, Blanche: Hawaiian Quilts: Treasures of an Island Folk Art, Katalog des American Folk Art Museums, New York 1979

Woodard, Thomas K. und Greenstein, Blanche: The Poster Book of Quilts; E.P. Dutton, New York 1984

Textiles Kunsthandwerk in Asien, Afrika, Europa, Südamerika

African Art, Zeitschrift des UCLA – University of California, Los Angeles

Bussabarger, R.I. und Robins, Dashew B.: The Everyday Art of India, New York 1968

Casal, José: The People and Art of the Philippines; University of California Press; Museum of Cultural History, Los Angeles 1981

Elson, Vickie C.: Dowries from Kutch: A Womens Folk Art Tradition in India; University of California Press, Museum of Cultural History, Los Angeles 1975

Faigre, Thorvald: Tents, Architecture of the Nomads, London 1979

Fischer, Eberhard: Rural Craftsmen and Their Work, National Institute of Design, Ahmedabad 1970

Fischer, Eberhard und Haku Shah: Kunsttraditionen in Nordindien, Katalog zur Sonderausstellung »Unbekanntes Indien«, Rietberg Museum im Helmhaus, Zürich 1972

Gardi, Renée: Unter Afrikanischen Handwerkern, Bern 1969

Geijer, Agnes: Oriental Textiles in Sweden, Kopenhagen 1951

Gittinger, Mattiebelle: Splendid Symbols – Textiles and Traditions in Indonesia, Washington 1979

Gold der Skythen aus der Eremitage Leningrad – Katalog zur Sonderausstellung der Staatlichen Antikensammlung, München 1984

Haake, Annegret: Javanische Batik; Verlag M & H Schaper, Hannover 1980

Hall, M.: Indisches Kunsthandwerk, Berlin 1971

Hartmann, Günther: Molakana – Volkskunst der Cuna, Panama; Publikation des Völkerkunde Museums Berlin 1980

Hunt Kahlenberg, Mary: Textile Traditions in Indonesia; University of California Press, Museum of Cultural History, Los Angeles 1977

Irwin, John und Hall, M.: Indian Painted and Printed Farbics; Indian Embroideries, Band 1 und 2 der Historic Textiles of India at the Calico Museum of Ahmedabad 1971/73

Jaques, R.: Deutsche Textilkunst, o.A. 1953

Kaplan, N. und Ivanov, S. (Hrsg.): In the Land of Reindeer, Leningrad 1974

Lamb, Alastair und Venice: The Lamb Collection of West African Narrow Strip Weaving; Textile Museum, Washington D.C. 1975

Lamb, Venice: West African Weaving, London 1980

Lewis, Paul und Elaine: Völker im Goldenen Dreieck; Edition Hansjörg Meyer, Stuttgart 1984

Mack, John und Picton, John: African Textiles, British Museum of Mankind, London 1979

McCabe Elliot, Inger: Tambal – Patchwork – Batik, New York 1984

Menzel, Brigitte: Textilien aus Westafrika, 3 Bände, Museum für Völkerkunde, Berlin 1972

Meyer-Heisig, Erich: Weberei, Nadelwerk, Zeugdruck, München 1956

Meyerowitz, Eva L.: The Akan of Ghana, London 1958

Mohanty, Bijoi Chandra: Study of Contemporary Textile Crafts of India: Appliqué Craft of Orissa, Ahmedabad 1980

Noma, Seiroku: Japanese Costume and Textile Arts; Weatherhill/Heibonsha, Tokio 1974

Price, Sally und Richard: Afro-American Arts of the Surinam Rain Forest; University of California Press, Museum of Cultural History, Los Angeles 1980

Sieber, Roy: African Textiles and Decorative Arts; Museum of Modern Art, New York 1972

Textiles of Africa, Hrsg. Idiens, Dale und Ponting, K.G. Bath 1980

Textiles of Japan III: Okinawan, Ainu and Foreign Designs, zusammengestellt vom Japan Textile Colour Center, London 1980

Türkische Kunst und Kultur in osmanischer Zeit, Ausstellungs-Katalog Band 1 und 2, Bongers, Recklinghausen 1980

Tyrell: Tribal Peoples of Southern Africa, Books of Africa, Capetown 1968

Wahlman, Maude: The Art of Afro-American Quiltmaking: Origin, Development and Significance; University Press, Indiana 1982

Wahlman, Maude und Scully, John: Afro-American Folk Arts and Crafts, New York 1982

Westphal-Hellbusch, Sigrid und Soltkahn, Gisela: Mützen aus Zentralasien und Persien, Museum für Völkerkunde Berlin 1976

Fotonachweis

DIE VEGETARISCHE CHINESISCHE KÜCHE

HO FU-LUNG

AT VERLAG

© 1992
AT Verlag Aarau/Schweiz
Redaktionelle Bearbeitung: Christine Huber-Ott,
Küsnacht
Fotografie: Tom Chen, Fantasy Fotostudio,
Taipeh/Taiwan
Satz, Lithos, Druck: Grafische Betriebe
Aargauer Tagblatt AG, Aarau
Bindearbeiten: Buchbinderei Schumacher AG, Schmitten

Printed in Switzerland

ISBN 3-85502-425-1